标准教程
STANDARD COURSE

HSK

主编： 姜丽萍
LEAD AUTHOR: Jiang Liping

编者： 杨慧真、么书君
AUTHORS: Yang Huizhen, Yao Shujun

6下

练习册 Workbook

北京语言大学出版社
BEIJING LANGUAGE AND CULTURE UNIVERSITY PRESS

© 2017 北京语言大学出版社,社图号 17273

图书在版编目(CIP)数据

HSK 标准教程练习册.6.下 / 姜丽萍主编;杨慧真,
么书君编. — 北京:北京语言大学出版社,2017.10(2019.8 重印)
ISBN 978-7-5619-5083-8

Ⅰ.①H… Ⅱ.①姜… ②杨… ③么… Ⅲ.①汉语-
对外汉语教学-水平考试-习题集 Ⅳ.① H195.4-44

中国版本图书馆 CIP 数据核字(2017)第 245661 号

HSK 标准教程 6(下)练习册

HSK BIAOZHUN JIAOCHENG 6 (XIA) LIANXICE

责任编辑:	唐琪佳 史 健
装帧设计:	李 政 李 佳
排版制作:	北京创艺涵文化发展有限公司
责任印制:	周 燚

出版发行:	北京语言大学出版社	
社　　址:	北京市海淀区学院路 15 号,100083	
网　　址:	www.blcup.com	
电子信箱:	service@blcup.com	
电　　话:	编辑部	8610-82303647/3592/3395
	国内发行	8610-82303650/3591/3648
	海外发行	8610-82303365/3080/3668
	北语书店	8610-82303653
	网购咨询	8610-82303908
印　　刷:	保定市中画美凯印刷有限公司	
版　　次:	2017 年 10 月第 1 版	**印　　次:** 2019 年 8 月第 3 次印刷
开　　本:	889 毫米 × 1194 毫米　1/16	
印　　张:	练习册 12.25/ 听力文本与参考答案 4.25	
字　　数:	343 千字	
	05500	

PRINTED IN CHINA

使用说明

《HSK 标准教程 6 练习册》与《HSK 标准教程 6》配套使用,全书分上、下两册,每册 20 课,共计 40 课,每课设置听力、阅读和书写三个部分。练习册在编写设计上体现了"考教结合、以考促教"的编写理念,内容与 HSK(六级)考试接轨,题型设置、话题选取、语料长短、命题角度等均与真题一致,目的在于使学生得到全面有效的训练与提高。

1. **听力**。听力部分包括听短文选择与所听内容一致的选项、听采访选择正确答案、听文章选择正确答案三类试题。

2. **阅读**。阅读部分包括选出有语病的句子、选择合适的词语填入短文的空白处、选择合适的句子填入短文的空白处、读短文选择正确答案四类试题。

3. **书写**。书写部分为根据阅读材料进行缩写。由于教材中每一课都有相似的写作练习,故练习册每 4 课(位于每单元最后一课)设计一次写作。

上册练习册附录部分提供 HSK(六级)介绍,方便学习者全面了解该等级考试的基本情况;下册练习册附录部分提供 HSK(六级)模拟试卷一套,力求以教材所学的生词及语言点为考察重点,话题和难度尽可能地贴近真题,学习者可通过模拟试卷进行学前检测。

练习册是教材课后练习的延伸与补充,各课的题目数量按每套六级真题三分之一的比例进行缩减(参见下面的对照表),既保证了必要的练习题量,又不会使学习者感到任务过于繁重。

考试内容		试题数量(个)		答题时间(分钟)	
		真题		练习册		真题	练习册
一、听力	第一部分	15	50	5	17	约 40	约 15
	第二部分	15		5			
	第三部分	20		7			
二、阅读	第一部分	10	50	3	19	50	20
	第二部分	10		3			
	第三部分	10		5			
	第四部分	20		8			
三、书写	作文	1		1(每单元一题)		45	45
共计		101		36/37		约 135	约 35/80
注:每单元最后一课设计有作文。没有作文时,共计 36 题,建议完成时间约为 35 分钟;有作文时,共计 37 题,建议完成时间约为 80 分钟。							

HSK（六级）考试与前五级考试明显的差异在于以下几点：一是词汇量大。六级新增词汇2500个，而且六级试题语料对生词没有限制，这就需要考生除了注意词语的日常积累以外，还必须具备根据语境理解词语的能力。二是语言点考察以成语、各类虚词以及复杂的复句结构为主，考试侧重在不同语境下对汉语的理解和综合运用上。三是话题的深度明显提高。虽然六级话题大类并未明显变化，但各类话题涉及的内容较之前有明显的扩展和深化。四是书面语体色彩明显。书面语体是在口语语体的基础上发展形成的，一般比较舒展、严密、文雅，词汇量也较口语丰富。五是更加重视篇章写作能力的考察。

针对以上变化，我们在练习册的编写中，不仅重视每课话题的深度和广度、语体色彩的突显、语言点和课文所学词语在练习中的复现，更注重词汇的拓展。如："串"在课文中用为量词、练习册中用为动词，"大意"课文中用为形容词"dàyi"、练习册中用为名词"dàyì"，加入由旧字构成的新词（"触摸"）、成语（"自然而然"）、方言词（"一股脑儿"）以及常用纲外词（"青睐"）等。

应该说，与五级相比，HSK（六级）对于学习者的词汇量以及在语境中正确理解词义的能力，都要求有一个跨越式的提高。为了使五级与六级考试对接，我们特意在《HSK标准教程6》每课"热身2"环节设计了"想一想下列词语之间有什么联系"的练习，我们相信，这样的日积月累，一定能滴水穿石，也希望学习者能在练习册的使用中有所感受。

本练习册建议教师以作业形式布置给学习者，完成练习后学习者可对照答案评估学习效果。学习者共同的问题，教师可择机在课堂上进行解答。

以上是对本练习册使用方法的一些说明和建议，教师在教学过程中可以根据实际情况灵活使用。希望这本练习册可以帮助每位学习者在汉语学习上取得更大收获，顺利通过HSK（六级）考试。

编者

目 录

第六单元　趣味世界 1

21 未来商店 2

22 2050年的汽车什么样 10

23 大数据时代 18

24 体育明星们的离奇遭遇 26

第七单元　经典阅读 35

25 草船借箭 36

26 奇异的灯光 44

27 完璧归赵 52

28 高山流水遇知音 60

第八单元　人体探秘 69

29 "笑"的备忘录 70

30 你睡好了吗 78

31 运动的学问 86

32 有时，不妨悲伤 94

第九单元	古今博览	103
33	怀念慢生活	104
34	为文物而生的人	112
35	走近木版年画	120
36	中国古代书院	128

第十单元	热点追踪	137
37	警察的故事	138
38	慧眼捕捉商机	146
39	互联网时代的生活	154
40	人类超能力会改变世界纪录吗	162

附录：HSK（六级）模拟试卷 ………………………………… 171

趣味世界

21 未来商店

一、听 力

第一部分　21-1

第1-5题：请选出与所听内容一致的一项。

1. A 李长风常常感到不安
   B 97年李长风有了汽车
   C 97年起，中国轿车数量猛增
   D 专家都觉得中国轿车发展太快了

2. A 生活中，常有企业出现问题
   B 企业的股东们不会轻易抬脚走人
   C 世界这么大，什么事都可能发生
   D "用脚投票"的情况生活中时有发生

3. A 他有了空闲就去旅游
   B 他正在进行旅游开发
   C 风景好的地方就有人去
   D 游客最在意吃住的质量

4. A 排队是需要耐心的
   B 买东西排队也是难免的
   C 排队模型可以代替人排队
   D 收款台闲置会造成成本上升

5. A 爱因斯坦的叔叔是一位数学家
   B 叔叔给爱因斯坦出了一道难题
   C 任何人在困难面前都难免动摇
   D 爱因斯坦最后也没能证明定理

第二部分 21-2

第6–10题：请选出正确答案。

6. A 《分享经济》一书问世以后
   B 工人提出改良工资制度之后
   C 欧美和日本经济模式创新的背景下
   D 20世纪70年代出现经济滞胀以后

7. A 使用者需要付费
   B 变卖掉不用的东西
   C 用不了的东西就送人
   D 能够租赁就不要购买

8. A 城乡儿童可互通有无
   B 无偿为使用者提供服务
   C 着重于情感的交流体验
   D 双方交换使用分享内容

9. A 以最快速度送货上门
   B 合理利用零星的人工
   C 对快递行业进行革命
   D 答应的事情就要兑现

10. A 目的就是筹集资金
    B 及时反馈投资情况
    C 包括分享投资对象
    D 注重互联网平台建设

第三部分 21-3

第 11-17 题：请选出正确答案。

11. A 一种市场行为
    B 一条普遍真理
    C 大鱼比小鱼受欢迎
    D 市场竞争是残酷的

12. A 快鱼吃慢鱼
    B 市场变化快
    C 信息随时更新
    D 知识胜过一切

13. A 财力雄厚
    B 警惕性高
    C 勇于创新
    D 知识渊博

14. A 怀旧雪糕
    B 动物雪糕
    C 粽子雪糕
    D 巧克力雪糕

15. A 好吃
    B 降温
    C 便宜
    D 健康

16. A 脆筒冰激凌
    B 水果冰激凌
    C 有动物形象的冰激凌
    D 环保盒装冰激凌

17. A 中国人不喜欢吃冰激凌
    B 冰激凌行业利润在下滑
    C 冰激凌价格越来越合理
    D 冰激凌吃多了容易上火

二、阅 读

第一部分

第 18-20 题：请选出有语病的一项。

18. A 看见漏水的水龙头一定要赶快关上它。

    B 我的汽车不仅很旧，但仍然跑得很好。

    C 刘大爷喜欢坐在门口闭着眼睛听收音机里传出的咿咿呀呀的京剧唱段。

    D 随着服装出口量的增加，他们厂生产的纽扣也漂洋出海，走向了世界。

19. A 老百姓心里有杆秤，只要我们说实话，他们就会相信我们。

    B 他非常希望能够获得一次和来自不同地方的人面对面交流。

    C 那是为个子高的人特别设计的公寓———高大的家具，很高的门把手。

    D 使用这些仪器可以把不太直观的声波变成可见的图像，之后进行分析。

20. A 阵阵鞭炮声使我的心兴奋起来，我跑到窗前，看美丽的烟花已铺满了天空。

    B 从80年代中后期开始，羽绒服逐步取代棉毛制品，成为中国北方冬季主打户外服装。

    C 夕阳下，一个穿旗袍的女孩从安静的街巷穿过。我觉得旗袍很好看，应该给女儿做一件。

    D 在海洋动物中，鲨鱼的嗅觉极其灵敏，可以在几千米外闻到血腥味并立即赶往有血的地方。

标准教程 6（下）练习册

第二部分

第 21-23 题：选词填空。

21. 今后，凡属投稿和业务信函，均请_____上面地址投寄，_____发生因错投耽误时间的事情；_____寄至原址的邮件，将由专人转送过来，请寄件人放心。

    A 照　　省得　　或者　　　　B 依　　切勿　　一经
    C 遵　　防止　　依然　　　　D 按　　以免　　已经

22. 如果母亲_____良好的教育，她的习惯自然也就良好，她的孩子_____就会受到良好的教育；_____，孩子就会受到不良影响。有道是"先入为主""根深蒂固"，母亲教育与儿童教育的关系_____。

    A 受过　　无形中　　反之　　可想而知　　B 进行　　预料中　　反面　　显而易见
    C 经历　　无意间　　相应　　不言自明　　D 坚持　　意味着　　相反　　不得而知

23. 雅各布斯的这本书思绪_____，当然也_____流露出一些理想主义的浪漫。总体来说，世界上没有一个大城市是_____理性模式建立起来的，各种利益、各种欲望在城市中交错角力，形成了城市的现实_____。

    A 起伏　　通常　　遵照　　主义　　B 混乱　　大多　　服从　　样子
    C 流畅　　不免　　按照　　形态　　D 万千　　未免　　根据　　形状

6

第三部分

第 24-28 题：选句填空。

一战期间，(24)_____：奔赴战场的士兵甚至要带上剃须刀、磨刀的皮条以及磨刀石。可更换刀片式剃须刀的发明者金·坎普·吉列敏锐地觉察到这其中隐藏着的巨大商机，于是他以极低的折扣同政府签订了合同，(25)_____，然后将这种装卸方便的剃须刀发放给士兵。不久，士兵们就成了吉列剃须刀的忠实客户。这些士兵带着吉列剃须刀到欧洲作战时，(26)_____。战争结束后，一些士兵把吉列剃须刀带回了家，他们就像人体广告，使吉列剃须刀很快便名扬四海。自此(27)_____，购买者川流不息。

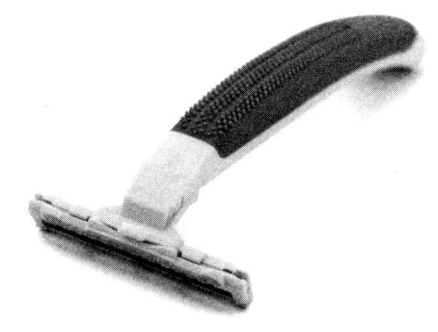

吉列创造了一种全新的商业模式，它靠卖刀片而不是刀架赚钱，(28)_____。汽车4S店也不是靠卖汽车挣钱而是通过售后服务的延伸赚取更多的利润。

A 政府低价购买了350万副刀架和3600万枚刀片

B 如同惠普打印机的利润来自墨盒而非打印机本身

C 欧洲人也喜欢上了这种安全、方便的剃须刀

D 胡子在生活中给男士带来了巨大的烦恼

E 吉列剃须刀生意兴隆

第四部分

第29-36题：请选出正确答案。

29-32.

在电子商务风行的今天，实体店还能多大程度地影响品牌在零售市场的地位？就在零售商都为实体店的未来<u>捏把汗</u>的时候，有人做了一项调查，令人惊讶的是，未来计划更多通过实体店购物的消费者比例从一年前的18%攀升至26%；表示实体店"方便购物"的客户达到93%，远高于网络和移动设备。

  这似乎与许多零售商的认识相去甚远。过去一年多里，传统零售商纷纷扎堆规划电子商务，由店商向电商转型。根据调查，63%的传统零售商已开展多渠道零售，但近三成零售商表示，其多渠道战略实施并不成功。

  究其根本，是因为许多零售企业并未深入了解消费者的需求变化，其转型初衷只是为了数字化而数字化，认为仅仅通过技术的部署就能带来绩效的提升。事实上，在数字时代，虽然技术的变革重新定义了零售商与消费者的连接方式，但却并没有改变消费者需求的本质——价格合理、产品种类丰富以及多年积累的信任感。因此，掌控零售商未来命运的，不是涌现的新兴技术，更不是"凶猛"的互联网电商，而是瞬息万变的消费者需求。

29. 第1段中，画线词语"捏把汗"的意思最可能是：
  A 担心　　　　　　　　　　　B 着急
  C 天气太热　　　　　　　　　D 心情不好

30. 根据第1段，调查结果令人惊讶是因为：
  A 电商的地盘急剧扩大　　　　B 追求品牌的人越来越多
  C 喜欢实体店的人在增加　　　D 准备网购的人数超出预期

31. 过去一年里，很多传统零售商：
  A 反省自己的经营理念　　　　B 努力开展多渠道经营
  C 纷纷向电子商务取经　　　　D 转型过程中被迫降价

32. 根据最后一段，可以知道：
  A 数字化未必就是潮流　　　　B 新技术能够带来效益
  C 消费者的需求是根本　　　　D 传统零售商成本较高

33-36.

《后汉书》记载：东汉时有个人叫费长房。一天他在酒楼喝酒解闷，偶见街上有一卖药的老人，悬挂着一个药葫芦兜售丸散膏丹。卖了一阵，街上行人渐渐散去，老人就悄悄钻入了葫芦之中。据说这是中国最早最原始的广告行为。此后，在门口挂个壶或葫芦推销药品流行起来，而且成为古代药店、诊所的标志，行医也因此被叫作"悬壶济世"。为什么药店门前挂壶或葫芦，而非其他物品？因为在古代，壶是装中药的，葫芦是装丹散、丸药的，葫芦就相当于今天的药瓶。门前挂壶或葫芦很直观地说明这里是卖药的。

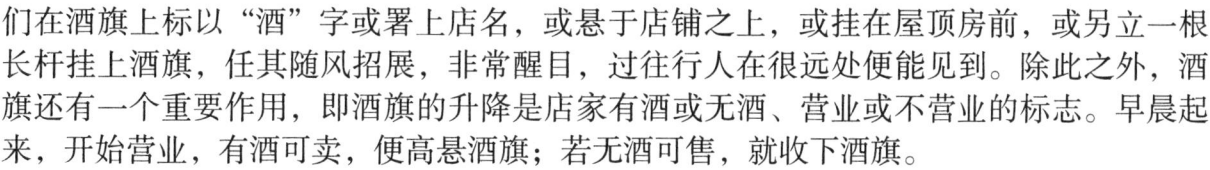

作为一种古老的广告形式，酒旗在中国也有着悠久的历史。据说，唐代以后，酒旗作为酒店的招牌，应用已经十分普遍。人们在酒旗上标以"酒"字或署上店名，或悬于店铺之上，或挂在屋顶房前，或另立一根长杆挂上酒旗，任其随风招展，非常醒目，过往行人在很远处便能见到。除此之外，酒旗还有一个重要作用，即酒旗的升降是店家有酒或无酒、营业或不营业的标志。早晨起来，开始营业，有酒可卖，便高悬酒旗；若无酒可售，就收下酒旗。

随着社会的发展，古代的酒旗已消失，大屏幕主导着广告市场，偶有仿古酒旗悬挂在林立的高楼之间，新颖别致，仍会给人带来惊喜。路人除了知道这里有酒，还会体味到一种无以言传的韵味。

33. 关于中国最早最原始的广告，下列说法正确的是：
   A 是卖药的广告　　　　　　　　B 见于西汉时期
   C 出现在酒楼门口　　　　　　　D 写着"悬壶济世"

34. 关于酒旗，下列说法正确的是：
   A 上面都写着酒的名字　　　　　B 酒旗都悬挂在旗杆上
   C 酒店没酒就不挂酒旗了　　　　D 现在酒店仍普遍挂酒旗

35. 文中提到的广告的共性是：
   A 有魅力　　　　　　　　　　　B 很直观
   C 说服力强　　　　　　　　　　D 能打动人

36. 最适合做上文标题的是：
   A 广告的起源　　　　　　　　　B 中国广告的发展
   C 中国古代的广告　　　　　　　D 广告的功能及其艺术性

22　2050年的汽车什么样

一、听 力

第一部分　22-1

第1-5题：请选出与所听内容一致的一项。

1. A 贫穷地区需要更多扶助
   B 要系统地帮助农村脱贫
   C 必须关心农村工程建设
   D 农村要建设得更有特色

2. A 四书五经是一本书
   B 2010年没人再看四书五经了
   C 不少人不能把四书五经名字说全
   D 北京很多出版社都想出版四书五经

3. A 人的"特长"不是培养出来的
   B 每个人都盼望做自己喜欢的工作
   C 每个学生至少能在一方面施展才华
   D 老师要因材施教，对学生加以引导

4. A 人类离开动物不能生活
   B 动物是人类的精神支柱
   C 动物和人具有平等的权利
   D 人类没有平等地对待动物

5. A 气候异常必然导致温室效应
   B 二氧化碳凝聚后变成玻璃罩
   C 温室效应的产生与燃煤有关
   D 气候变化的趋势是温室效应

第二部分 22-2

第6-10题：请选出正确答案。

6. A 他讨厌工作不严肃
   B 他炒过公司的鱿鱼
   C 公司效益不好他就走
   D 收入没有保障他不干

7. A 他很受重用
   B 领导很明智
   C 好奇心驱使
   D 职位非常好

8. A 偶尔会迟发工资
   B 做废品回收业务
   C 社会责任感很强
   D 常组织集体活动

9. A 同事很会买水果
   B 领导同事很体贴
   C 公司确实手头紧
   D 谁都渴望被关心

10. A 同事之间的友情
    B 讨人喜欢的领导
    C 轻松友好的氛围
    D 光明美好的前途

第三部分

第 11-17 题：请选出正确答案。

11. A 赞叹
    B 吃惊
    C 无所谓
    D 感兴趣

12. A 法国人
    B 德国人
    C 英国人
    D 中国人

13. A 材料
    B 用途
    C 营销方式
    D 市场开发

14. A 汽油
    B 空气
    C 太阳能
    D 有害气体

15. A 跟鸟飞得一样快
    B 和光的速度不相上下
    C 跟"奔驰"汽车的速度一样
    D 和声音在空中传播的速度相当

16. A 不再需要 GPS 导航系统
    B 汽车座椅是宽大的沙发
    C 能够在平坦的冰面上滑行
    D 在水面上行驶速度也很快

17. A 这款车价格昂贵
    B 这款车已经大量生产
    C 这款车是说话人心中的理想
    D 这款车可以在陆地、空中、水下使用

二、阅 读

第一部分

第 18-20 题：请选出有语病的一项。

18. **A** 那不是失败，而且是成功的开始。

B 毫无疑问，甲、乙、丙三人都应对丁的重伤承担责任。

C 《中国科技发展报告》基本勾勒出了"中国制造"的轮廓。

D 那姑娘一听，眼泪便如断线的珍珠一样流了下来，她用手帕擦着眼泪，一句话也说不出来。

19. **A** 在世界上人口密度最高的地方是哪儿？

B 他的脾气变得更加暴躁，甚至喜怒无常，常常动不动就发火。

C 你有时间就来串门儿吧，我们家平时就我爱人，你们又谈得来。

D 终端交通控制站的主要任务是调度、指挥飞机的停泊、着陆和起飞。

20. **A** 飞机都有两个机翼，像小鸟的翅膀一样，它们能产生升力，把飞机托起来。

B 沼气是一种廉价的能源，可以点灯、做饭，还能代替汽油、柴油，是一种理想的气体燃料。

C 近年，石油植物引起了人们的兴趣，菲律宾种植的 1 万多公顷银合欢树，6 年后将可收获石油 13 万吨就是一例。

D 我喜欢我们的校园，最喜欢的是老图书馆一带：灰色的资料楼、风味古老的图书馆和绿莹莹的草坪，能让人躁动的心立刻安静下来。

第二部分

第 21-23 题：选词填空。

21. 她又被带刺的玫瑰花给_____到了，她老学不会_____这些以伤人为乐的花树，她手上深浅_____的伤痕都是拜它们所赐。

    A 刺　　逃避　　各异　　　　B 扎　　避开　　不一
    C 割　　离开　　纷呈　　　　D 拉　　远离　　配备

22. 炒作，当然不能_____否定。适度的炒作，对于一部好作品，_____锦上添花。不过，如果是无中生有，_____捏造，即便轰动一时，恐怕_____还是免不了遭到人们的唾弃。

    A 悉数　　不得已　　试图　　终点　　B 大体　　不外乎　　随便　　后果
    C 一致　　相当于　　力求　　出路　　D 一概　　无异于　　凭空　　最终

23. 市场经济条件下的社会分工是一种以_____最大化为根本原则的自由组合，过程中充满着实力_____、竞争较量，最后在适者_____、优胜劣汰中完成分工，双赢或多赢是经济_____的基础。

    A 利益　　对比　　生存　　发展　　B 好处　　对照　　活命　　效益
    C 甜头　　比较　　存在　　运行　　D 益处　　比赛　　长存　　规范

第三部分

第 24-28 题：选句填空。

1666年，英国伦敦发生了一场火灾，大火烧了4天，难以遏制，烧毁了1300多座房屋以及著名的圣保罗教堂。(24)_____，开始意识到城市消防工作的重要，并开始在消防工具上动脑筋。

1673年，荷兰人发明了用皮革做的软输水管用于灭火。之后，(25)_____。再之后，消防汽车问世了。令人啼笑皆非的是，当年英国的消防汽车首次执行任务，司机没等消防队员全部上车就把车开了出来，没上去车的消防队员靠着两条腿，不仅追上，还跳上了汽车。当这台消防汽车抵达现场时，后续的消防马车也赶到了，(26)_____。

大多数国家的消防车都是红色的，因为红色最为醒目，(27)_____。据调查，红色消防车每出车10万车次，肇事32次，如果消防车涂为黄色，每出动10万车次，肇事可降低到14.5次。因为淡色会使汽车的轮廓显得大些，有距自己更近的感觉，对交通安全有利。然而消防部门却坚持采用红色而非黄色，他们认为黄色会使人情绪安定，(28)_____，而红色则能激发人的斗志。

A 可见那辆消防车的表现多么差劲

B 从很远的地方就能看到

C 无益于救火效率

D 人类付出了惨重的代价以后

E 英国人发明了比软输水管效率更高的有车轮的灭火机

第四部分

第29-36题：请选出正确答案。

29-32.

我最怕遭受交通堵塞的折磨，每到这时候，我真恨不得驾着车腾空而起，从天上飞过去！这在今天还是幻想，或许不久的将来，无人空中交通方式SkyTran就会是一个不错的解决方案。

简单来说，SkyTran就是在城市上空建造一个空中汽车轨道，然后利用磁悬浮技术，打造一个小型化、个人化的交通运输系统。不同于传统轻轨或者地铁运行方式的是，SkyTran没有固定站点和运行时刻表，它会打造一系列临时出站口，乘客可以通过手机提前预订车厢，定制私人行程，不需每个站点都停车。这样，在舒适度大大提高的同时，还能确保交通时间大大缩短。

与传统公共交通方式相比，SkyTran是一套更为高速、安全、绿色、安静的全新通勤方式。这套系统使用磁悬浮技术驱动汽车，电磁铁产生的升力推动汽车前进，因此极其节能，这将令那些电力供应不足的国家受益良多。

SkyTran公司总裁表示："被拥堵在车流中是现代社会生活中最让人崩溃、无奈的情形了，我们希望能够让人们的生活变得更加简单、高效，而高速交通系统则是解决这一问题的最好途径。"

29. 每次碰到堵车时，我就会：
    A 想坐飞机　　　　　　　　　B 希望飞过去
    C 盼着警察出现　　　　　　　D 痛恨汽车太多

30. SkyTran与传统轻轨或者地铁不同的是：
    A 旅客不用排队等车　　　　　B 每个站点都要停车
    C 乘客必须提前预订车票　　　D 没有固定的运行时刻表

31. SkyTran的优势是：
    A 能节约能源　　　　　　　　B 能避免交通事故
    C 能减少人们的精神压力　　　D 能改变人们的生活节奏

32. 最适合做上文标题的是：
    A 欢迎你：SkyTran！　　　　　B 理想总会成为现实
    C SkyTran：未来的空中的士　　D 生活中本来就充满幻想

33-36.

到 2040 年，出租车将由机器人驾驶，商店将成为网店的展览室，呼叫中心将聘用智能机器人。这是最近一份研究报告描绘的景象，报告称，机器人将在不到 30 年内彻底改变我们的生活和工作。那时，机器人将成为人类强大的竞争对手，我们也许不得不去找外科大夫"为我们的大脑补充处理能力"，我们也许还会要求植入仿生手使我们能像机器一样快地完成各种任务。到了那一天，按优胜劣汰的原则，谁都不能担保我们人类在竞争中处于优势。

未来学家说，机器人走进生活，劳动者的就业安全感会降低，人们的工作时间也许会增加，由当前的每周工作 37.4 小时延长到 50.5 小时。这份令人丧气的研究报告预言，机器人将逼迫我们在卧室里分不同时段兼做几份"微工作"，于是，乘车上下班、工作之余和同事喝一杯、在办公室举办圣诞派对、找借口说"亲爱的，我要加个班"等都将不复存在。

今天的家长，如果想让你的孩子 25 年后找到工作，就应当用<u>前瞻性眼光</u>为其选好专业。网络安全、软件、机器人技术都将是主要领域；老年人护理也将是一个有增长潜力的工种；建筑工人也不会失业，因为不断增加的人口需要住房。

未来学家认为，那时，我们当中许多人将成为"多面手"。一名劳动者也许会为纽约的雇主进行客户服务，帮新加坡的老板追账，为新德里的一个品牌提供营销策略……

33. 2040 年，我们的生活中：
    A 出租车将不复存在   B 商店里不再有物品
    C 机器人将大量存在   D 网络购物将成为过去

34. 按未来学家的说法，机器人时代会怎样？
    A 经济全球化进一步加剧   B 人类的劳动强度会降低
    C 擅长多种技能的人会更多   D 老年人成为机器人的最爱

35. 机器人将来成为人类强大的竞争对手后，人类可能：
    A 利用业余时间补课   B 请大夫帮忙提高智力
    C 向机器学习劳动技巧   D 与机器人比永远是强者

36. 与文中第 3 段中画线词语"前瞻性眼光"意思最接近的是：
    A 瞻仰的眼光   B 敏锐的眼光
    C 预见性眼光   D 实事求是的眼光

23 大数据时代

一、听力

第一部分 23-1

第1-5题：请选出与所听内容一致的一项。

1. A 企业应主动给工人涨工资
   B 企业与员工之间总会有矛盾
   C 高明的企业会避免与员工冲突
   D 员工应该为企业发展献计献策

2. A 应禁止生产药物牙膏
   B 不要随意使用药物牙膏
   C 药物牙膏对人有害而无益
   D 药物牙膏的生产缺乏科学性

3. A 导演对我非常严厉
   B 围观的观众不太多
   C 我担心导演拍不好
   D 导演是个严肃的人

4. A 任何事件的发生都有其必然性
   B 前后事件之间常常是有联系的
   C 要重视对历史事件的记录工作
   D 因果分析再难也必须努力去做

5. A 她心中忐忑不安
   B 刘大明是卖花的
   C 刘大明对她非常失望
   D 她和刘大明都喜欢花

第二部分 23-2

第6-10题：请选出正确答案。

6. **A** 认为真实沟通绝对是一件好事
   B 鼓励人们通过活动彻底告别网络
   C 网络走进生活是社会发展的必然
   D 网络应重视人的沟通与情感交流

7. **A** 二者对时空要求不一样
   B 二者适应的人群不一样
   C 线上交流更能满足虚荣心
   D 面对面交流让人更有幸福感

8. **A** 身在福中不知福
   B 做事不能集中精力
   C 对生活期望值过高
   D 高层次交往能力退化

9. **A** 是一种陈旧的理论
   B 人为色彩过于浓重
   C "经营"二字内含丰富
   D 通俗易懂，但可行性差

10. **A** 增强对未来幸福的感知力
    B 暂别网络，关注面对面交流
    C 完善自己，让朋友为自己而自豪
    D 有自省精神，提高自己的修养和涵养

第三部分

第11-17题：请选出正确答案。

11. A 生活用书
    B 学术著作
    C 刚出版的书
    D 倡导改革的书

12. A 原本是学外语的
    B 不但年轻而且学术水平高
    C 是我国研究大数据的第一人
    D 是《大数据时代：生活、工作与思维的大变革》一书的作者

13. A 维克托·迈尔—舍恩伯格常为《自然》写稿
    B《大数据时代：生活、工作与思维的大变革》是一本好书
    C 杂志对《大数据时代：生活、工作与思维的大变革》评价很高
    D 哈佛大学、牛津大学、耶鲁大学和新加坡国立大学都是好学校

14. A 有细菌的东西
    B 沾上泥土的东西
    C 布满灰尘的东西
    D 致病菌多的东西

15. A 运动鞋更容易滋生真菌
    B 电脑键盘更容易滋生细菌
    C 键盘上发现了金黄色葡萄球菌
    D 键盘上的菌落数量比运动鞋高65倍

16. A 运动鞋表面
    B 运动鞋前脚掌处
    C 电脑键盘的字母键盘
    D 电脑键盘的数字键盘

17. A 键盘最好用酒精擦洗
    B 电脑内部更要常清理
    C 鞋在阳光下暴晒即可
    D 电脑每次用后应消毒

二、阅 读

第一部分

第 18-20 题：请选出有语病的一项。

18. A 人们对自己生活的最早零星回忆，一般是四五岁时。

    B 11月，南方还是秋高气爽，北国早已"草木皆冰"了。

    C 我们的父辈只知道辛辛苦苦积攒财富，不懂得享受人生。

    D 火车出发以后，一直走在辽阔无边的戈壁滩上，满眼荒凉。

19. A 他相信，经过协商协商，大家还是可能达成共识的。

    B 那时，体制、技术等问题堆积如山，纺织业陷入困境。

    C 很多学者支持这种模型，认为该模型可以取代有效市场假说。

    D 由于本研究取自非临床样本，所以尚不能作为临床诊断的依据。

20. A 文字的发展可以从两方面加以考察：造字方法、文字记录语言的完备程度。

    B 据研究，影响人身心发展的主要因素有遗传、环境和教育，其中教育是主导因素。

    C 车站上有很多等车的人，但公共汽车毕竟不顾他们，人们只好眼巴巴地看着公共汽车开过去。

    D 以前，偏远山区的教学条件不好，近年来，教学仪器、图书资料、文体器材、校舍等，均与一般城市相差无几。

第二部分

第 21-23 题：选词填空。

21. 英国、日本、菲律宾等岛国，受气候_____的影响不言而喻，因而_____气候变化的态度最积极；韩国虽然不是岛国，却三面环海，气候变化对韩国的影响也不能_____。

  A 条件 对付 忽略   B 变化 应对 小视
  C 环境 解决 忘记   D 预报 面对 被动

22. 骄傲和自卑从两个_____背离实事求是的精神。骄傲使人盲目_____，以致脱离群众，远离进步与成功的道路。自卑是不切实际地过低估计自己，觉得自己_____不如别人，对_____、对一切灰心丧气，这往往导致无所作为。

  A 极端 自满 处处 事业 B 方面 优越 大大 事情
  C 方向 透顶 远远 前景 D 领域 振奋 哪哪 世界

23. 新年伊始，几位"大牌"记者_____撰文，从不同角度回眸历史，_____"地球村"的明天。乐观者有之，悲观者也_____其人。大家见仁见智，热门话题不少，只是没有人谈及，在经济全球化进程不断_____的今天，媒体该如何表现。

  A 依次 期待 时有 促进 B 先后 预料 增加 前进
  C 纷纷 聊聊 确有 迈进 D 分别 展望 不乏 加快

第三部分

第 24-28 题：选句填空。

你身边一定有人的手机被偷过，且多数是女性。为什么？细细追究起来，我认为女人丢手机应该是服装设计师的"功劳"。

（24）_____，就是少了功能性。如今出门必带手机，可在女人的衣服上，完全没有合适的地方搁，不是拿在手里就是随便放在很浅的口袋里。那些口袋基本属于为了美观而设置的，放手机完全不靠谱，（25）_____，别说"老偷"了。

其实小偷偷东西不按性别来，只按难易程度。那些穿户外衣服的人很少被偷，当然是因为衣服口袋多，多到共计多少个口袋都数不过来，（26）_____，小偷到哪儿去找？更重要的是户外服装的口袋有把门的，不是拉链就是魔术贴，（27）_____。可惜这种功能性很强的衣服，女性通常不喜欢，她们认为这种服装会模糊性别概念。

我想说的是，当代设计师也须扭转观念与时俱进，为女人们想得周到一点儿，（28）_____，也要功能性、美观性同时具备。我敢说，这样的设计肯定大受欢迎。

A 小偷也就知难而退了

B 女人的衣服大多好看时尚

C 即使是女人的服装

D 受过初级培训的小偷就能轻易得手

E 自己都找不着东西了

第四部分

第 29-36 题：请选出正确答案。

29-32.

  "黑天鹅事件"是当下流行的词语。其实"黑天鹅事件"并不是什么新词。据说，17 世纪，欧洲人认为所有的天鹅都是白色的，因为他们从来没见过其他颜色的天鹅。18 世纪初，欧洲人漂洋过海来到澳洲，一上岸就惊呆了，天鹅居然有黑色的！他们奔走相告，把这消息传回家乡，史称"黑天鹅事件"。
  "黑天鹅"的出现告诉人们，世界上永远存在不可预测的事情，尽管人类总是相信自己的经验，希望自己的判断、决定和计划准确无误，无论是第二次世界大战，还是互联网浪潮，发生之前不是没有预兆，但它们的发生还是使人们措手不及，惊愕不已。
  普通人日常生活中的选择，也存在黑天鹅现象。我有两个朋友，一个工作兢兢业业，对公司不离不弃，十几年后他成长为技术副总裁，但一个突如其来的财务丑闻使公司倒闭了；另一个总是在选择中跳槽，在跳槽中选择，最后在一家公司工作了两年后，公司上市了，这家伙还去纳斯达克敲了钟！
  如果说，以上案例说明，在自然界的物种领域，当今的科技以及信息传播的进步，已经使当年"黑天鹅事件"的出现成为了不可能，但并不能就此说明"黑天鹅事件"全部可以预测，因为第二次世界大战的发生、互联网浪潮的出现以及我朋友的故事都说明，预计未来不是件容易的事情，这，你是否同意？

29. 关于"黑天鹅事件"，下列哪项正确？
  A 已经成为历史   B 今天仍有可能发生
  C 是科技水平低造成的   D 日常生活中比比皆是

30. "我"的两个朋友的故事说明：
  A 人无法预计生活中的全部   B 社会对丑闻的容忍度很低
  C 只钻研技术不能挽救公司   D 不断跳槽有利于人生发展

31. 文中第 3 段画线词语"上市"的意思是：
  A 被卖掉了   B 实行了股份制
  C 产品得到市场认可   D 在证券交易所挂牌交易

32. 根据上文，下列哪项正确？
  A 人类还不能准确预测未来   B 各个时期的流行词语不一样
  C 互联网浪潮的出现没有任何先兆   D 世界上也许还有其他颜色的天鹅

33-36.

在低头族盛行的现代社会。很多人已将智能手机视为必不可少的"伴侣",不少上班族甚至将不眨眼地看手机作为消除疲劳的休闲活动。殊不知,智能手机屏幕发出的"蓝光"在晚间会对人造成多种危害。

蓝光为什么会对人体造成危害呢?弄明白这一点的前提是先了解人的生理特点以及作息规律。人脑部的"松果体"生产褪黑素,调整人体的昼夜节律。夜幕降临后,光刺激减弱,褪黑素开始产生,人们有了睡意。日出后,眼睛视网膜的感测器感受到蓝光的存在,抑制褪黑素的产生,新的一天开始。由此可以理解,夜间过多接触蓝光,容易干扰人体昼夜节律,带来种种危害。

危害之一就是发胖。夜间面对发出蓝光的手机和电脑超过3小时,人体就会饥饿,部分原因是视网膜接受的蓝光信号传到大脑,大脑认为白天已开始,人体需补充消耗掉的能量。即便当晚吃过晚餐,饥饿感还是会令人产生进食的欲望,当然,过量进食的结果就是导致发胖。其二,研究发现,经常使用电脑的女性夜间工作者患乳癌的几率比其他女性高17%,护士患癌的风险也可能增加。青少年受光线的影响比成年人要大,有研究显示,46%的成年人在夜间接触蓝光后褪黑素减少,但儿童的数字是88%。人们如果在睡前4小时处于强光环境下,患2型糖尿病的几率增加50%,并且灯光越强患病概率越大。研究人员推测,人体生物钟可能在控制人体血糖方面发挥某种作用。一位研究员曾让一组成年男子在睡前接触2小时蓝光,另一组不接触光线,两组人睡眠时间相同。结果显示,第一组第二天多人表现困倦,这显示蓝光对生物钟造成影响,导致启动新一天活动的能力降低。

33. 什么可以产生褪黑素?
   A 蓝光　　　　　　　　　　B 松果体
   C 视网膜　　　　　　　　　D 生物钟

34. 蓝光通过什么对人体造成危害?
   A 让人不眨眼睛　　　　　　B 控制人体血压
   C 干扰人体昼夜节律　　　　D 刺激松果体产生褪黑素

35. 蓝光为什么会导致人发胖?
   A 蓝光能促进食欲　　　　　B 蓝光会让人感觉麻木
   C 蓝光会消耗人体能量　　　D 蓝光会让人产生饥饿感

36. 根据上文,下列哪项正确?
   A 蓝光会减少患癌几率　　　B 蓝光会让人饭量变大
   C 蓝光对孩子的影响更大　　D 视网膜无法感受到蓝光的存在

24 体育明星们的离奇遭遇

一、听 力

第一部分 24-1

第1-5题：请选出与所听内容一致的一项。

1. A 自然界的危险时刻会危害人类
   B 共同协作能够培养人的群体意识
   C 原始社会，人要生存就离不开集体
   D 生产力水平取决于人们的思想观念

2. A 结婚后要改变过去的生活方式
   B 老人的话都是宝贵的生活经验
   C 美满婚姻有赖于两个人的经营
   D 给予了才能得到，家庭也如此

3. A 暴发户都没有文化
   B 有钱不会花，就是暴发户
   C 暴发户会花很多不该花的钱
   D 说话人对房间俗气的摆设很恼火

4. A 说话人讨厌拼凑而成的书
   B 说话人特别喜欢长篇小说
   C《通俗文化读本》是一本好书
   D 真正有学问的人都能谈古论今

5. A 她有当律师的天分
   B 她一直被钱所困扰
   C 她不愿看律师写的小说
   D 她认为为钱打官司很容易

第二部分 🔘 24-2

第 6–10 题：请选出正确答案。

6. A 490 年
   B 1896 年
   C 1908 年
   D 2000 多年前

7. A 那只是一个传闻
   B 马拉松人都很能跑
   C 这项运动与马拉松战役有关
   D 为了表彰喜爱运动的希腊人

8. A 顾拜旦
   B 菲迪皮德思
   C 希腊奥组委
   D 米歇尔·布雷尔

9. A 各国奥组委可自行决定
   B 以马拉松到雅典的距离为准
   C 奥组委根据当地情况临时决定
   D 以 1908 年英国奥运会距离为准

10. A 路易斯原本是个乡村邮递员
    B 全世界都视马拉松冠军为英雄
    C 长跑是希腊全民热爱的体育运动
    D 路易斯拿到马拉松冠军后当了部长

第三部分 24-3

第 11-17 题：请选出正确答案。

11. A 刺激
    B 正规
    C 传统
    D 好玩儿

12. A 产生更多冠军
    B 增强团队观念
    C 普及体育常识
    D 给观众带来竞争

13. A 近年趣味体育逐渐衰落
    B 没有人不喜欢趣味体育
    C 趣味体育对场所要求不高
    D 趣味体育的参与者都没有天分

14. A 信息量大
    B 解说速度快
    C 解说员都是球员
    D 没人看电视转播

15. A 风格变化很突然
    B 解说员都很活泼
    C 有时嘉宾代替解说
    D 解说中增加了背景信息

16. A 他们选出了自己的代表
    B 现场解说的比例增加了
    C 解说员解说时更有激情
    D 解说员对任何资讯都不疏忽

17. A 他会写诗
    B 他是业余诗人
    C 他对艺术情有独钟
    D 他的语言充满艺术性

二、阅 读

第一部分

第 18-20 题：请选出有语病的一项。

18. A 事件的经过我都告诉你了，你爱信不信。

 B 阳春三月，沉睡了一冬天的桃树被蒙蒙细雨唤醒了。

 C 人的手指甲缝里经常有细菌生存，因此要勤剪指甲，这是常识。

 D 1981 年至今，法国已有 157 个古镇被进入法国文化遗产保护范围。

19. A 游行队伍出发了，市民们举着标语，高叫反对战争的口号。

 B 广义上的遗嘱指死者生前对死后一切事务所做的处置和安排。

 C 火车的惯性很大，一般列车从刹车到停下，要往前冲出 800 米左右。

 D 她咬着嘴唇，眼泪都要流出来了，看得出那问题让她很为难，她不愿回答。

20. A 我们开设了抚养小鸡的课程，让每个孩子认领一枚鸡蛋，标好标记，一点点地观察小鸡破壳而出。

 B 女儿第一次对我的教导表示出不屑，加重语气告诉我她现在的职位，似乎在提示我她现在的成功。

 C 陈可辛高调宣布他要拍网剧了，但他自称这并不是为了讨好"90 后""00 后"，而是他意识到："这是一个更自由的天地"。

 D 无论是在中国或者在外国，古代思想家、教育家的教育思想，只是他们的哲学思想或政治思想的组成部分，没有形成一门独立的学科。

第二部分

第 21–23 题：选词填空。

21. 作为父母，当孩子取得成绩时，一定要给予他们表扬和_____，让孩子体验到成功的喜悦。在孩子遇到困难和_____时，要注意给孩子支持和安慰，不要雪上加霜地_____孩子，这样孩子才会有信心。

    A 促进   悲哀   谴责   B 鼓励   失败   数落
    C 奖励   麻烦   抱歉   D 鼓舞   障碍   嘲笑

22. 做任何事情，都要讲究方法。方法对了，一切都_____，方法不对，_____意味着南辕北辙。对教育来说，方法也至关重要，无怪乎人们总是想_____一种万能的教育方法以实现人们对教育_____的无限厚望。

    A 顺理成章   则   寻找   寄予   B 微不足道   只   发明   给以
    C 头头是道   或   创造   赠送   D 有条不紊   既   探索   予以

23. 结婚 5 年，妻子任何汤类都放香菜，那味道让我精神_____，吃饭都聚精会神。小时候我不吃香菜，听妻子说那玩意挺有益的，我就喜欢上它啦。如今我正_____去买些香菜种子_____在花盆里，长出来当花儿养，它比芹菜可有_____多了。

    A 集中   思索   搁   气势   B 享受   推敲   栽   情趣
    C 充实   思量   放   品味   D 大振   考虑   种   魅力

第三部分

第 24-28 题：选句填空。

叶问（1893年—1972年），本名叶继问，祖籍广东省南海县，出生于富足之家。他从小受的是儒家教育，（24）_____。上学读书之后，他爱上了传统武术，从7岁起便拜"咏春拳王"梁赞的高足陈华顺为师学习咏春拳。

陈华顺收叶问为徒后，便不再接受任何人拜门学技，（25）_____。叶问的各位师兄，如吴仲素、陈汝棉、雷汝齐等，对师弟更是照顾有加。陈华顺逝世后，为了不中断学习，叶问随师兄吴仲素钻研拳技，（26）_____。

叶问十六岁那年，远离佛山，赴港求学，就读于圣士提反学院。1950年，叶问再度赴港，在港九饭店职工总会内传授咏春拳术，（27）_____。其徒弟除总会及分会的会员、港九各地的中国工人外，（28）_____。其弟子中最出名的是让中国武术闻名世界的武打巨星李小龙。

A 有着深厚的传统文化素养

B 后随梁赞之子梁璧学武

C 还有在港的外国留学生

D 从而一举成名

E 叶问就成了陈华顺的封门弟子

第四部分

第 29-36 题：请选出正确答案。

29-32.

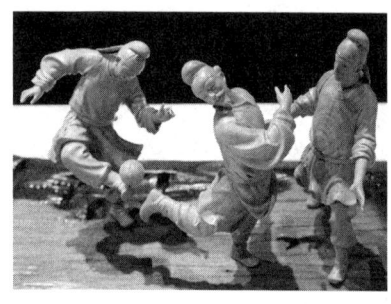

"蹴鞠"是中国古代的一项球类运动，早在《史记》中就有记载。"蹴"的意思是用脚踢，"鞠"指外面包着皮革、里面装着米糠的球。"蹴鞠"大意即用脚踢球。

蹴鞠起源于齐国都城临淄（今天的山东省淄博一带），齐宣王在位时（公元前319年—公元前310年）已经十分盛行。汉代，蹴鞠更被视为"治国习武"之道。出身平民百姓的汉高祖刘邦不但自己爱踢球，还专门在宫苑中建造"鞠域"，也就是足球场。汉武帝还把蹴鞠列为军事训练科目，以提高将帅的身体素质和反应能力，并以其作为考察兵将体质的手段。汉代还出现了研究蹴鞠运动的专著《蹴鞠二十五篇》，这也是中国和世界上最早的一部体育著作。

到了唐代，"鞠"的制作艺术和"蹴"的运动技术都有了很大的改进。球变得更圆、更轻；运动规则也由原来的直接对抗转为间接对抗，中间隔着球门，双方各在一侧，以射门数多者为胜，而且还出现了女子蹴鞠。女子蹴鞠不射门，是以踢球的技法取胜。唐玄宗李隆基、唐中宗李显等都曾是当时的球星。

宋代，蹴鞠变得更加兴盛，而且在球的制作方面又有了进一步的发展，不仅针脚细密，而且不露线头，制成的球也十分地圆。

到了清代，骑马射箭盛行，"蹴鞠"渐被冷落。

29. 根据第 2 段，汉武帝把蹴鞠列为军事训练科目是因为：
   A 将帅喜欢蹴鞠   B 能踢球就能打仗
   C 蹴鞠能强身健体   D 反应快的人也能踢球

30. 根据上文，下列说法正确的是：
   A 女子踢球技术强于男子   B 唐代蹴鞠转而注重观赏性
   C "鞠"的制作越来越精良   D 古代有球星，也有追星族

31. 关于"蹴鞠"，下列哪项正确？
   A《史记》是与之相关的专著 B 起源于今天山东省淄博一带
   C 是老百姓最喜欢的一项运动 D 清朝，天冷的季节才有人蹴鞠

32. 最适合做上文标题的是：
   A 蹴鞠   B 足球小史
   C 足球的演变   D 球类运动在中国

33-36.

童年的邓亚萍梦想成为一名运动员，但身高仅有1.55米、手脚粗短的她，被认为没有发展前途。是啊，身材太矮，这几乎是致命的缺点，可是邓亚萍没有选择"认输"。身材不行，她就以脚步灵活来弥补；体校不要她，她就跟父亲学。为了练好基本功，她在腿上绑上沙袋。小小的她，每闪、展、腾、挪一步，都可以用举步维艰来形容。腿肿了，手掌磨破了，她从不叫苦。付出总有回报，10岁的她便在全国少年乒乓球比赛中获得团体和单打两项冠军。

进入国家队后，教练最常嘱咐邓亚萍的就是"要注意休息，别练过了"。实际上，每天正常训练完以后，邓亚萍都要加练，她的训练量要超过正常运动员很多。她每天练球都要带两双鞋，一双被汗水湿透就再换一双；一筐200多个训练用球，邓亚萍一天要打掉十几筐，邓亚萍的一堂训练课相当于跑一次一万米，这还没算上数千次的挥拍动作，她还经常因为训练错过吃饭的时间。

邓亚萍先后14次获得世界冠军，乒坛世界排名曾经连续8年保持第一，是排名世界第一时间最长的女运动员，也是唯一蝉联奥运会女子乒乓单打和双打双料冠军的运动员。邓亚萍的出色成就，改变了世界乒坛只在高个子中选拔运动员的传统观念。无数人为邓亚萍的球风和球艺所倾倒。

33. 童年的邓亚萍：
 A 天天做美梦　　　　　　　B 身材不苗条
 C 坚决不服输　　　　　　　D 常遭受打击

34. 为了练好基本功，邓亚萍：
 A 把沙袋捆绑在腿上　　　　B 每天坚持练习长跑
 C 刻苦学习武术步法　　　　D 不计较生活苦不苦

35. 下列哪个词语用来形容邓亚萍进入国家队后的训练生活更合适？
 A 日夜兼程　　　　　　　　B 不畏艰辛
 C 省吃俭用　　　　　　　　D 顺其自然

36. 根据上文，下列说法正确的是：
 A 8年中，她一直活跃在乒坛　　B 她是运动生涯最长的女运动员
 C 她是拿奥运会金牌最多的运动员　D 她用事实说明矮个子同样能打好乒乓球

三、书 写

第37题：缩写。

（1）仔细阅读下面这篇文章，时间为10分钟，阅读时不能抄写、记录。
（2）10分钟后，收起阅读材料，请你将这篇文章缩写成一篇短文，时间为35分钟。
（3）标题自拟。只需复述文章内容，不需加入自己的观点。
（4）字数为400左右。

　　我们以前只知道"科学育儿"，却没有听说过"极限育儿"。"极限育儿"，顾名思义，就是让孩子从小冒险，体验生命的极限。

　　澳大利亚的詹姆斯和米娅是一对典型的"极限家长"，夫妻俩喜欢挑战各种极限运动。他们的儿子杰克4个月大时，詹姆斯就把儿子吊在胸前，背着一大包旅行用品，一家三口在山上露营地的帐篷里过了一夜。杰克4岁就成了探险老手。他与父亲连在同一条绳上攀岩，跟随父亲从100米高的悬崖上进行快速滑降，一起从高空跳水。他从来不知道什么是害怕，简直没有他不能到达的高度和深度。

　　如今世界各地涌现出的"极限家长"不在少数。怀塔克莱一家的全部家当都装在汽车里，晚上就搭起帐篷，睡在折叠床上。除了必要的生活用品外，他们几乎一无所有。夫妻俩教孩子如何观察周围的环境，在野外辨认方向和读懂地图。孩子们在不断变换"驻地"的日子里，学会了用最快的速度适应新环境，学会了收集燃料，节约饮水，用可以到手的原始物品制作用具，甚至给自己做玩具，从来不会为每天不安定的生活而痛苦。

　　近日，一段视频被人放到了网上。视频中，父亲在与一个4岁的男孩沟通并经过30分钟的热身慢跑后，这个4岁的男孩脱掉了自己的内外衣裤，仅穿一条嫩黄色的小短裤和运动鞋，快速跑入风雪之中，而当天清晨的室外最低气温是-13℃，大街上几乎看不到一个人，只有他在厚厚的雪地里晨跑。开始小家伙可能有点儿冷，一边跑，一边带着哭腔跟爸爸要"抱抱"，不想再跑了，很快孩子的头上挂满了雪花，可最后还是在父亲的鼓励下，小家伙儿坚持跑了大约5分钟。

　　对此，网民们议论纷纷。有人认为"极限教育"是一种爱心教育，是一种超越溺爱的大爱，尤其值得溺爱孩子的父母学习。有人认为探险活动可以培养儿童长时间集中注意力，在探险活动中，他们需要观察周围事物，收集各种信息来帮助自己做出决定，有时还要制定多种方案。探险对增强体质和意志力能起到很大的作用，这不是什么坏事。持不同意见者则认为，对于儿童探险存在的风险，不是每个人都能清楚地认识到的，让那么小的孩子身处险境，可能遇上各种不测，奉劝家长放过幼小的孩子，对脆弱的他们还是不要大意。

经典阅读 7

25 草船借箭

一、听 力

第一部分　25-1

第1-5题：请选出与所听内容一致的一项。

1. A 秘方往往不能外传
   B 中医家里都有秘方
   C 老百姓有自己的秘方
   D 保险柜不如枕头底下可靠

2. A 她非常难过
   B 她刚刚睡醒
   C 她在船上工作
   D 她喜欢孙悟空

3. A 母亲怀有深深的自责
   B 父亲对儿子爱恨交加
   C 儿子早就不想理父母了
   D 父母已经不想认儿子了

4. A 陶侃对部下管理很严
   B 陶侃气急了就会打人
   C 陶侃善于动脑筋思考
   D 陶侃的手下都很自觉

5. A 追随沃尔特的画家很多
   B 画家都喜欢在车库工作
   C 尤布是个很能干的助手
   D 天气不好沃尔特也工作

第二部分

第 6-10 题：请选出正确答案。

6. A 应先弄明白读书的意义
   B 应先搞清楚人生的意义
   C 人都不可能逆潮流而动
   D 应认真考虑阅读的新趋势

7. A 勇于尝试新事物
   B 只喜欢做书本族
   C 从年轻时就是手机族
   D 感觉电脑阅读优于读书

8. A 记忆力越来越差
   B 浪费了90%的人生
   C 垃圾信息数量惊人
   D 自己没有时间读书了

9. A 表层阅读需调整情绪
   B 表层阅读是休闲阅读
   C 深层阅读讲究连续性
   D 胃口不好的人无法深层阅读

10. A 通过阅读了解知识的完整性
    B 通过阅读、思考，了解世界
    C 占有更多资讯，提高自身修养
    D 轻松阅读，调动生活的积极性

第三部分 25-3

第 11-17 题：请选出正确答案。

11. A 他今天心情不好
    B 他经验不够丰富
    C 他一边治疗一边鼓励病人
    D 他相信女护士处理更合适

12. A 很懂病人的心思
    B 技术比医生更好
    C 喜欢英雄式的人物
    D 喜欢说真话的男人

13. A 总有刁难医生的病人
    B 护士比医生会安慰人
    C 医生讨厌娇气的病人
    D 心理学对医生很重要

14. A 话太多
    B 回娘家了
    C 已经过世了
    D 离家出走了

15. A 约梦和20年前一样美
    B 约梦为什么至今不再婚
    C 约梦心里是不是还有他
    D 约梦为什么一点儿也不伤感

16. A 他温柔文静
    B 他乐于助人
    C 他非常谦虚
    D 他是个医生

17. A 生活就像梦一样
    B 应该好好读些书
    C 要能看到别人的优点
    D 初恋已经成为了过去

二、阅读

第一部分

第18-20题：请选出有语病的一项。

18. A 我们要努力把我们的立场被国际社会所了解。

    B 小李刚骑到街口，一辆小汽车急驶而来，从侧面撞上了他的摩托。

    C 黄昏，夕阳的余晖笼罩四野，远处教堂的钟声一声声撞入人的心里。

    D 我将于茫茫人海中访我灵魂之伴侣。得之，我幸；不得，我命，如此而已。

19. A 在经济高速发展的今天，整体国民素质的提高更是当务之急。

    B 她早就做好了面对艰难的准备，所有任何困难都不能阻挡她。

    C 与会者都很准时，例行的寒暄过后，谈判很快进入了实质性的阶段。

    D 那时候，项羽的兵马四十万，驻扎在鸿门；刘邦的兵马十万，驻扎在灞上。

20. A 于成龙的官越做越大，生活却更加简朴，每天粗茶淡饭，佐以青菜，终年不知肉味。

    B 婚姻是一部书，封面是《圣经》，内容却是账簿。如果不翻一翻便买了，买错了，就是活该！

    C 这种策略的优点是能满足不同消费者的不同要求，有利于扩大销售、占领市场、提高企业声誉。

    D 因为我没有钱了，所以我的朋友也没有钱了，于是，大毛请我们吃饭，而且是很丰盛的一顿晚饭。

第二部分

第 21-23 题：选词填空。

21. 地球上昼夜_____最大的地区在中纬度荒漠区，那里夏季晴天气温高达 40～50℃，岩石表面温度在 70℃_____。夜晚至_____气温可降到 0℃以下。

  A 差距 上下 天亮   **B** 温度 附近 早上
  C 差别 旁边 黎明   **D** 温差 左右 凌晨

22. 许多动物对声音具有反应能力。声音_____对动物的基本生活过程不会有任何_____的影响，但它却_____着对动物有重要影响的刺激物，如食物、配偶、敌害等_____来临。

  A 本身 直接 预示 即将   **B** 自己 过分 预告 必须
  C 形成 间接 表示 终将   **D** 大致 充足 意味 到底

23. 几乎每个人都有_____的习惯，只要还没到最后的_____，能拖就拖。细细想想，这种想法很要不得，拖到最后，也逃不过去，事情还是得做。_____，就不如趁早抓紧，时间还不至于那么_____。

  A 耗着 时候 这样想来 紧急   **B** 拖拉 时间 这样说来 迫切
  C 拖延 期限 这样看来 紧迫   **D** 迟缓 时日 这样算来 危机

第三部分

第 24-28 题：选句填空。

年幼的李白和所有的孩子一样，贪玩儿、好动，他眼中有趣的事物，在大人看来毫无意义，而大人认为有趣的背书，在李白看来非常无聊。（24）_____，李白还是得天天坐在窗前，永无休止地背诵他觉得一点儿也不好玩儿的古文。

放学了，李白自由了。他边走边玩儿，看看空中的鸟，不禁叮嘱一句："小心远处的鹰啊！"看看河里的鱼，不禁悄声嘱咐道："慢点儿游，孩子跟不上了！"忽然，（25）_____，正在磨一根很粗的铁棒。李白觉得很奇怪：老奶奶干什么呢？做武器吗？他凑到老奶奶身旁，问道："您磨这根大铁棒要干什么呀？"老奶奶说："我要把它磨成一根针。"（26）_____，说："不可能吧？"老奶奶看了李白一眼，对李白说："只要功夫深，铁杵也能磨成针！"李白觉得自己突然明白了一个道理，（27）_____。

这件事给李白留下了深刻的印象，后来他读书碰到困难的时候，就自然而然地想起老奶奶的话，"只要功夫深，铁杵磨成针"。（28）_____，李白成了中国古代文学史上最有名的诗人之一。

A 使劲儿地点了点头

B 李白以为老奶奶在开玩笑

C 他发现河边有一位白发苍苍的老奶奶

D 在这种精神的鼓舞下

E 无聊归无聊

第四部分

第 29-36 题：请选出正确答案。

29-32.

官渡大战，袁绍打了败仗，刘备只得投靠刘表。这时，刘备听说诸葛亮学识渊博，才能出众，就和关羽、张飞带着礼物到卧龙岗去请诸葛亮出来帮助自己做事。恰巧诸葛亮出去了，刘备失望而返。不久，刘备又和关羽、张飞冒着大风雪去请诸葛亮出山，不料，又碰上诸葛亮外出闲游。刘备只得留下一封信，表达自己对诸葛亮的敬佩和请他出来帮助自己建功立业的意思。

过了一些时候，刘备准备再去请诸葛亮。关羽说，诸葛亮也许是徒有虚名，未必有真才实学，算了吧。张飞主张他一个人去请，如果请不来诸葛亮，就用绳子把人捆来。刘备把张飞责备了一顿，和关羽、张飞第三次出发去拜访诸葛亮。

这次，正赶上诸葛亮在家中睡觉。刘备就一直站在院子里，等待诸葛亮醒来。诸葛亮被刘备的诚意打动，日后全力帮助刘备建立了蜀汉王朝。

《三国演义》把刘备三次亲请诸葛亮这件事情叫作"三顾茅庐"。诸葛亮在他著名的文章《出师表》中表示"先帝不嫌我身份低微，见识浅陋，不惜降低身份，委屈自己，三次到草庐来探望我，向我询问天下大事，我因此非常感激，就答应为先帝奔走效劳。"在这里，诸葛亮很谦虚，他本来是中国历史上杰出的政治家、军事家、散文家、书法家、发明家，也是人人敬仰的忠臣与智者，但字里行间却也告诉我们，他对刘备的礼贤下士、求才若渴十分感恩。

29. 刘备"一顾茅庐"前发生了什么事？
   A 战争就要爆发了　　　　　　B 刘备官做不成了
   C 刘备邀请了刘表　　　　　　D 刘备靠别人生存

30. 根据上文可以知道，张飞：
   A 过于粗鲁　　　　　　　　　B 智商很高
   C 武功不错　　　　　　　　　D 不尊重下属

31. 根据上文可以知道，刘备：
   A 做事追求圆满　　　　　　　B 对诸葛亮很忠诚
   C 敬重有才德的人　　　　　　D 能虚心帮助他人

32. 诸葛亮在《出师表》中说，自己最受感动的是：
   A 刘备情愿为他奔走　　　　　B 刘备对他敬重有加
   C 刘备关心国家大事　　　　　D 刘备从不让他受委屈

33-36.

事情发生在500多年前，20出头的小伙子吴东胜上街买菜，突然，看见前方人群拥挤的地方搭着一个台子。他紧走几步来到台前，看见台上一位相貌出众的女子正与一个<u>膀大腰圆</u>的汉子比赛解死结。两个人手中各拿了一串复杂的用麻绳捆的结，粗看上去没什么奇怪，细一看可不得了：大结套小结，大大小小的结至少有90多个。原来这位女子在比巧招亲，谁能比女子先解开这些结就能迎娶她。

吴东胜到场时比赛刚刚开始，没过5分钟，女子就把所有的结解开了。而那位大汉却只解开了三分之一。女子对大汉说："对不起，您失败了。"大汉垂头丧气地走出了赛场。接着女子对大家说："现在只剩两串绳结了，如果没有人上场，今天的比赛就结束了！"

这位女子心灵手巧，吴东胜心中好生仰慕，战胜那双天才的巧手，吴东胜自知不可能，但他心中盘算那绳结除了一个一个解开，就没高明点儿的办法了吗？突然他想到一个好办法，于是，飞身上台。

看到有人上场，围观的人顿时情绪高涨，报以热烈的掌声。吴东胜深行一礼，开口道："敢问小姐，这比赛的规则是什么？""谁先弄开谁就赢！"少女回答。听到回答后，吴东胜掏出匕首，一刀就把结给砍断了，赢得了比赛。台下掌声喝彩声响成一片。他知道，人们是在为他与众不同的思路叫好呢。

从此以后汉语中就多了一个俗语——快刀斩乱麻，用来比喻做事果断，能采取坚决有效的措施，很快解决复杂的问题。

33. 根据第1段画线词语"膀大腰圆"，可以知道那汉子：
 A 是个粗鲁人　　　　　　　　B 做事很精细
 C 身体又瘦又高　　　　　　　D 身体高大粗壮

34. 根据上文可以知道，吴东胜：
 A 说话很有礼貌　　　　　　　B 正在军队任职
 C 对少女不服气　　　　　　　D 不喜欢凑热闹

35. 关于这场比赛，下列哪项正确？
 A 女子的意图是想借机显示才智　　B 比赛制定的规则思路极其严密
 C 吴东胜是被掌声鼓舞而取胜的　　D 吴东胜取胜的原因是思路新颖

36. 上文主要讲的是：
 A 女子的智慧不比男子差　　　B 吴东胜在中国历史上很有名
 C 人走投无路时能想出好办法　D 俗语"快刀斩乱麻"的由来

26 奇异的灯光

一、听 力

第一部分　26-1

第1-5题：请选出与所听内容一致的一项。

1. A 说话人是个作家
   B 说话人是打鱼的
   C 说话人喜欢看小说
   D 说话人是语言研究者

2. A 许大夫医术十分高明
   B 请许大夫看病要多花钱
   C 许大夫一家一家去找病人
   D 许大夫是个走街串巷的大夫

3. A 家庭的影响是无形的
   B 母亲是孩子快乐的源泉
   C 应避免孩子负面情绪的蔓延
   D 贫困与否不对孩子造成影响

4. A 《城市旧事》表现了乡愁
   B 中国电影很讲究"言志"
   C 《城南旧事》充满了诗意
   D 诗意的世界都是不现实的

5. A 中国的企业很有责任感
   B 效率高的企业才能生存
   C 中国资源人均占有率较低
   D 资源贫乏是当今普遍现象

第二部分 26-2

第 6-10 题：请选出正确答案。

6. A 这里政策好条件好
   B 这里是创业的热土
   C 没有人怀疑它的成功
   D 城市对发展有迫切感

7. A 怀疑
   B 蔑视
   C 反对
   D 赞成

8. A 公司资金充裕
   B 公司聪明人多
   C 赶上了好时代
   D 产品具有唯一性

9. A 外出旅行
   B 学做美食
   C 拍摄电影
   D 上网、看书

10. A 他是知名的企业家
    B 他闯过了无数难关
    C 深圳是他的出生地
    D 上下班都着迷于工作

第三部分 26-3

第 11-17 题：请选出正确答案。

11. A 文雅多情
    B 自私任性
    C 不愿漂泊
    D 风雅幽默

12. A 身体强壮
    B 居无定所
    C 会摘星星
    D 天性好静

13. A 他们相依相恋，相守终生
    B 他们都希望有安定的生活
    C 他们不堪忍受生活的平淡
    D 他们吵不出结果，分手了

14. A 为人真诚
    B 胸怀天下
    C 会做家务
    D 很会哄人

15. A 衣着干净
    B 光明磊落
    C 会过日子
    D 屈己待人

16. A 美丽、善良
    B 做事有底线
    C 能克制私欲
    D 讲究生活质量

17. A 男人衣着一定要"干净"
    B "干净"人越来越少了
    C "干净"是个很高的标准
    D "干净"指从外到内讲卫生

二、阅读

第一部分

第 18-20 题：请选出有语病的一项。

18. A 林晓本名林朝阳，出身于广东佛山的大族富家子弟。

    B 多谢我的家人，在我走上演艺道路后，始终默默地支持我。

    C 部门经理需要提前制定人力计划，以免用人的时候忙乱不堪。

    D《纽约客》一直以高品质闻名，只刊发最好的小说、诗歌和散文。

19. A 当他穿过耀眼的阳光向我走来的时候，我突然感到有些惊慌。

    B 除了过生日，蜡烛已经成为现代城市生活中一种情趣的象征。

    C 在我们已经无法离开的电脑键盘，每天不知有多少细菌在滋长。

    D 一个老农看见蚂蚁搬家了，会忙着去田里开沟，他熟悉蚂蚁搬家的意义。

20. A 马拉松运动所表示的拼搏、进取是奥林匹克圣殿的支柱，许多人受其影响积极参与到这个项目中来。

    B 听到这事，我半天说不出话，一种无法形容的痛楚紧紧地抓住了我，我感到血液凝固了，连呼吸都困难。

    C 世界上最小的蟹要算豆蟹了。它的甲壳一般只有几毫米长，大的也不过 1 厘米多，最小的只有米粒般大小。

    D 地震过后，山顶升起了一团浓烟，直上几千米的高空，像棵枝丫怒张的巨松。接着火光迸发，出现了比黑夜还黑的漆黑世界。

第二部分

第 21-23 题：选词填空。

21. 她小时候被狼叼走_____。当她被人发现时，已经不能直立行走，而是像狼一样四肢落地_____养成了狼的生活习性，没有人的语言和思维，没有人的_____和兴趣。

  A 抚育 和 胸怀   B 赡养 也 天赋
  C 养育 并 情感   D 饲养 却 知觉

22. 来城市前，我已做好了_____的准备，省吃俭用，_____下了足足半年的工资，_____这些钱在北京起码够生活半年，现在看来，_____生活半年，连半年的房租都不够。

  A 充实 留 原打算 就算   B 充分 存 原以为 别说
  C 一定 挣 原预谋 别看   D 大量 剩 原安排 就是

23. 谁也没有料到，正当中国的文化市场在_____了改革浪潮的冲击，一波三折_____地走出低谷走向新生之际，一_____平地而起的盗版旋风迅速席卷了文化市场的各个角落，使我国的版权保护受到了极为_____的挑战。

  A 经受 磕磕碰碰 股 严峻   B 忍受 来来回回 阵 严厉
  C 应付 推推搡搡 场 重大   D 遭遇 拉拉扯扯 团 艰难

第三部分

第24-28题：选句填空。

朋友来看我，坐在我家历史悠久的沙发上，目光在屋中扫视了一圈后，扔下一句话："(24)_____！"

也是啊！屋子小得可怜；电视是结婚时买的；电脑是6年前的，只是凑合着用；手机就更别提了，用儿子的话说，(25)_____。

朋友走了，我审视着熟悉的小屋，是有点儿寒酸。墙上没有结婚照，只有做了一辈子教书匠的祖父送我的一幅墨宝：(26)_____。屋里最多的就是书，天文、历史、散文、传记、历代诗选、儒家经典。我的书、儿子的书，随手都能抓到，那些书会让我的心平和安静。

(27)_____。他待人宽厚，善良真诚，他了解我，我和他在一块儿就觉得心安。我也清楚他的喜好，他爱喝我熬的小米粥，爱吃我做的手擀面，不管多晚回来，(28)_____。每次吃完，他总会摸着肚子满足地说，舒服啊！还有我们的儿子，开朗健康、努力向上。难道我不是生活在天堂，不是最幸福的人吗？

A 老公是个打着灯笼都难找的好人

B 都什么年代了，这也太不像个家了

C 书山有路勤为径

D 我都会为他端上一碗

E 扔大街上都没人捡

第四部分

第29-36题：请选出正确答案。

29-32.

　　有人问我，作为总裁，最喜欢什么样的员工。我给出的回答是：情绪稳定。她诧异地问我为什么不是吃苦耐劳、聪明这样的要求？我说，这些根本算不上要求。

　　为什么很多企业在雇佣人员的时候更倾向选择男性？为什么很多时候，并不是外在条件看来最优秀的人赢了？这其中有一个很大的差异，就是你是否能维持自己的情绪稳定，而这其实才是情商最最重要的组成部分。

　　很多人以为情商就是会说话、会沟通、八面玲珑、长袖善舞，这些都不是情商的本意。所谓的情商，其实主要是指人在情绪、意志、耐受挫折等方面的品质。情商是由五种特征构成的：自我意识、控制情绪、自我激励、认知他人情绪和处理相互关系。当你认清情商的真正含义，你就会知道，很多人理解的情商其实都是错误的。而很多人所说的性格不好，其实就是情商不够。

　　比如，性格内向，很多人评价为情商低，其实不然。我认识很多健谈的人，都不是天生外向型，包括我自己。内向的人依然可以成为演说家，比如前美国总统林肯，他其实是一个非常害羞和内向的人。所谓的内向和外向，只是他们喜欢的交流方式不同，他们对环境的适应能力不同，这些并不能决定谁的情商更高。

29. "我"喜欢的员工应具备哪项特质？
　　A 聪明能干　　　　　　　　B 责任心强
　　C 任劳任怨　　　　　　　　D 情绪平稳

30. 很多企业在雇佣人员时会非常看重：
　　A 性别　　　　　　　　　　B 学历
　　C 个人能力　　　　　　　　D 外在条件

31. 根据上文，下列说法正确的是：
　　A 情商高的都是男人　　　　B 情商高的人会表演
　　C 情商高的人都有小脾气　　D 情商高的人不易泄气绝望

32. 关于性格内向，下列说法正确的是：
　　A 内向的人都害羞　　　　　B 内向的人更会演说
　　C 内向不一定情商低　　　　D 内向的人不与人交流

33-36.

炎热的夏日，一条长椅上坐着一对母子。儿子正捧着报纸看，垂暮之年的母亲静静地坐在旁边。

一只鸟飞落到草丛里，母亲似乎没看清，揉了揉眼睛，问了句："那是什么？"儿子抬起头，答道："一只鸟。"说完摊开报纸，接着看。

母亲若有所思，眯着眼睛看了会儿，又问了声："那是什么？"儿子皱起眉头："我刚才说过了，是只鸟。"说完一抖手中的报纸，继续看下去。

鸟儿飞起来，兜了个圈子落在草地上，母亲的视线也随之起落，又问了句："那是什么？"儿子不耐烦了，强制自己咽下愤怒，大声说："一只鸟，妈妈，一只鸟！"说完转过身，生气地盯着母亲。

老人没看儿子，仍旧转向鸟儿，试探着又问了句："那是什么？"儿子被彻底激怒了，大声地嚷道："您到底要干什么？我已经说这么多遍啦！那是一只鸟！一只鸟！"

母亲站起身，儿子不解地问："您要去哪儿？"母亲示意他不用跟来，独自走回屋。

一会儿母亲回来了，手中拿着个小本子。她坐下来翻到某页，递给儿子，指着其中一段，说："念！"

儿子念起来："今天，我和刚满3岁的儿子坐在公园里，一只小鸟落到面前，儿子问了我21遍'那是什么？'，我回答了21遍'那是一只小鸟'。他问一遍，我就拥抱他一次，一遍又一遍，一点儿也不觉得烦，只是深深地感到他天真可爱。"

老人的眼角露出幸福的光芒，仿佛又看到了往昔的一幕。

儿子羞愧地合上本子，强忍泪水张开手臂搂紧母亲。他终于明白，母亲不是<u>无理取闹</u>，更不是患有阿尔兹海默症，只是看到了小鸟，回忆起往昔母子间的亲密。

33. 根据上文，母亲：
   A 眼睛不太好　　　　　　B 找儿子的麻烦
   C 得了阿尔兹海默症　　　D 在寻找美好的回忆

34. 关于儿子，下列哪项正确？
   A 认为母亲很唠叨　　　　B 一张嘴就没好气
   C 本质上是个孝顺的孩子　D 动作中流露出他讨厌母亲

35. 文中最后一段画线词语"无理取闹"的意思是：
   A 莫名其妙　　　　　　　B 胡说八道
   C 故意捣乱　　　　　　　D 强词夺理

36. 下列哪项最适合做上文的标题：
   A 代沟　　　　　　　　　B 21和4
   C 孤独的母亲　　　　　　D 儿子的烦恼

27 完璧归赵

一、听力

第一部分 27-1

第1-5题：请选出与所听内容一致的一项。

1. A 有钱就能整天山珍海味
   B 餐桌上多数是大鱼大肉
   C 大家喜欢在校长家里聚餐
   D 在校长家吃的是西式餐点

2. A 野生动物保护应继续加强
   B 捕杀野生动物都会被严惩
   C 有人竟然驱车捕杀野生动物
   D 捕杀野生动物的现象已很少

3. A 说话人得到了别人的帮助
   B 说话人的命运在别人手里
   C 说话人坚持履行自己的诺言
   D 说话人是一副失败者的姿态

4. A 说话人经常得罪人
   B 说话人出版了一本书
   C 说话人文章写得很漂亮
   D 说话人是个刚入门的记者

5. A 当代独生女都很能干
   B 独生子女都被宠坏了
   C 青春期女孩更具叛逆性
   D 现在的中国学生很不听话

第二部分 27-2

第 6-10 题：请选出正确答案。

6. A 容易为儿童接受
   B 书中有民间故事
   C 书中有许多童谣
   D 是为儿童创作的

7. A 它是一部优秀的童话
   B 它能启发人的想象力
   C 它能帮助成年人回忆童年
   D 它有丰富的中国文化内涵

8. A 孙悟空反映出中国人很重视集体观念
   B 唐僧反映出古代知识分子对现实的不满
   C 猪八戒反映出中国传统农民的乐观心理
   D 沙和尚反映出中国人朴实而善良的品格

9. A 孙悟空仍是我们学习的榜样
   B 性格懦弱也不是要命的缺点
   C 从中可以看到现代人的影子
   D 默默奉献的精神才会受尊敬

10. A《西游记》的故事情节
    B《西游记》与儿童文学
    C《西游记》中的人物性格
    D《西游记》的特点和历史地位

第三部分 27-3

第 11-17 题：请选出正确答案。

11. A 医术
    B 军功
    C 经历
    D 作品

12. A 他做过军医
    B 他做过斗牛士
    C 他曾三次入狱
    D 他做过三次俘虏

13. A 他的运气特别不好
    B 他喜欢银行的工作
    C 他天生是个思想家
    D 他一直在为写作做准备

14. A 工作的权利
    B 灵活的大脑
    C 崇高的理想
    D 方便的轮椅

15. A 非常容易满足
    B 有雄厚的经济实力
    C 命运对他极其苛刻
    D 对物质生活要求不多

16. A 它让我们的身体得到锻炼
    B 它让我们得到更多的知识
    C 它让我们赢得了大量钱财
    D 它让我们学会了如何感恩

17. A 有对手的生活才有味道
    B 转变逆境需要好的对策
    C 学生的生活也会有坎坷
    D 挫折可以帮助我们成长

二、阅 读

第一部分

第 18-20 题：请选出有语病的一项。

18. A 他拍拍胸脯，很把握地说："剩下的事情我来去办。"

    B 共同语是社会打破地域隔阂、走向统一时出现的语言形式。

    C 记得，我们是学校的第一批毕业生，我们的毕业典礼隆重极了。

    D 细加分析，大多数情况下，他打架还是出于义愤，而非无理取闹。

19. A 他自以为动机正确，做事就可以理直气壮。

    B 期末成绩好，因为不是运气好，而是平时努力学习的结果。

    C 他幻想着自己躺在海滩上，沐浴在阳光里，耳边海浪拍岸之声不断。

    D 民族素质指我国境内各民族全体成员个体和群体的素质，亦称国民素质。

20. A 作业发下来了，他看到自己的作文里错字那么多，而且错得五花八门，到处都是。

    B 夜深了，他还在左思右想，绞尽脑汁地合计新型的配药处方，剂量的多少，以及服用的方法等。

    C 这些年，在礼尚往来中，有些礼品已变了味，不再是友情的象征，而成为贿赂的手段与工具。

    D 词在运用的范围方面，有些多用于书面表达，有些多用于口头语言；有些多用于庄严的场合，有些只用于日常的场合。

标准教程 6（下）练习册

第二部分

第 21-23 题：选词填空。

21. 大院的邻里相处得_____融洽是久有_____的。但是这个大院的怪现象却令人费解——许多户居民做饭时把门窗关得很_____，即使三伏天也不例外。难道是做好吃的怕人家讨要不成？

    A 和睦   耳闻   严   **B** 和平   传闻   紧
    C 友善   所知   实   **D** 亲善   闻名   快

22. 女儿为了从我这里获得_____的自由，不知道和我打了多少次架，吵过多少次嘴。事实上，在_____孩子的过程中，我是很_____的，而女儿也是很_____的，真可谓是棋逢对手。

    A 生长   管理   野蛮   坚定   **B** 成才   辅导   粗暴   死板
    C 成长   教育   霸道   固执   **D** 发展   培育   无理   刚强

23. 有时候你只是在某些事情上不愿_____对方，一个小小的谎言便脱口而出，即使不是恶意的，但这也可能造成大大的_____。因此，下一次当你想要_____时，还是再三思考一下，是否说出_____更好？

    A 得罪   害处   扯谎   真相   **B** 奉告   损害   造谣   事实
    C 报告   圈套   骗人   实话   **D** 告知   伤害   撒谎   实情

第三部分

第 24-28 题：选句填空。

人之所以会心累，就是常常徘徊在坚持和放弃之间。坚持与放弃，是每个人面对人生问题的一种态度。如果我们懂得取舍，该坚持的坚持，该放弃的放弃，(24)_____。

人之所以会痛苦，就是追求太多。人生在世，不可能事事顺心。不要总觉得自己不幸，其实世界上比我们痛苦的人多的是。明知道有些理想永远无法实现，有些问题永远没有答案，有些故事永远没有结局，(25)_____，无谓地等待和幻想。

人之所以不快乐，就是计较太多。(26)_____，而是我们计较得太多。不要总是只看到别人的幸福，自己总是心存失落和压抑。其实你只看到了表面现象，或许他过得还不如你。(27)_____，人人都想得到自己想要的东西，人人都在为了自己的目标整天忙碌着，奋斗着。得到了，开心一时；得不到，痛苦一世。

世界上没有完美无缺的东西，(28)_____，只有在不断争取、不断承受失败与挫折时，才能发现快乐。

A 就免去了举棋不定的烦恼

B 不是我们拥有得太少

C 人的欲望是无止境的

D 可还是要苦苦地追求

E 不完美其实才是一种美

第四部分

第29-36题：请选出正确答案。

29-32.

心理学家对孤独是有不同认识的，尽管更多的人认为，亲密的人际关系是人类幸福和快乐最主要的源泉，但是《孤独》一书却认为：亲密关系是人生有价值的重要部分，但并非幸福的唯一源泉，而且孤独对于某些人是必需的。《孤独》一书列举了很多艺术家、哲学家、科学家在孤独中做出创造性贡献的例子，即使普通人，很多特别具有创造性的工作一样需要不和他人发生关系而独立完成。

《孤独》的作者说：人类一生被两种相反的驱动力操纵着，一种是对陪伴、爱以及其他所有能让我们亲近同类的关系的渴望，另一种则是对独立、孤单和自主的向往。大部分作家、音乐家、画家注定一辈子大多数时间都是孤独的。

需要孤独的人在揭示一些东西的过程中必须专注，因此，你想培养孩子的想象力，就要让他们拥有一些享受孤独的时间和机会，并在其中自得其乐。大家都知道《彼得兔》的故事。《彼得兔》的作者波特小姐从来没有上过学，和父母关系也很淡薄，很少有机会和其他孩子一起玩耍，大部分时间和宠物在一起，她把想象力和强烈的情感都投射在动物身上，创作出了不朽的儿童作品。

29.《孤独》一书的观点是：
    A 是人就会渴望亲近同类　　　　　B 孤独对某些人是不可或缺的
    C 有亲密的人际关系才可能幸福　　D 心理学界争端的实质是何为幸福

30.《孤独》一书举了很多例子，其中人物的共同特点是：
    A 他们都成名成家了　　　　　　　B 他们不会与人合作
    C 他们做的事有创造性　　　　　　D 他们都非常喜欢孤独

31. 如果想培养孩子的想象力，就要：
    A 让他们树立远大志向　　　　　　B 让他们天天自得其乐
    C 从小训练他们全神贯注　　　　　D 让他们有些独处的时间

32. 关于《彼得兔》的作者，下列哪项正确？
    A 父母对她疏于管理　　　　　　　B 宠物的事搞得她很忙
    C 她的作品发行量一般　　　　　　D 对宠物在情感上很慷慨

33-36.

晏子出使楚国，楚国人想嘲笑他身材矮小，特意在城门旁开了一个小门，请晏子从小门进去。晏子说："出使狗国的人才从狗洞进去。今天我出使的是楚国，应该不从此门进吧！"楚国人只好请晏子进了大门。

晏子拜见楚王。楚王说："齐国恐怕是没人了吧？怎么派你来呢。"晏子答复说："齐国都城人口众多，人们一起张开袖子，天就暗下来；一起挥洒汗水，就会汇成大雨。怎么能说齐国没人呢？"楚王说："那为什么派你这样一个人来做使臣呢？"晏子回答："齐国派遣使臣，要看对象，贤能的人被派遣出使到贤能的国王那里去，无能的人被派遣出使到无能的国王那里去，我晏婴是齐国最没有才能的人了，荣幸地出使到楚国。"

晏子来楚之前，楚王对身边的大臣说："晏婴特别能说，我怎么羞辱他一下呢？"大臣提议："他来的时候，我们绑一个人来。大王就问：'他是什么人？'我们就说：'齐国人。'大王再问：'犯了什么罪？'我们就说：'他是小偷。'"如此这般，君臣谋划完毕。

晏子到了楚国，楚王请晏子喝酒。喝得正高兴的时候，两个官吏绑着一个人来到楚王面前。楚王问："绑的是什么人？"小吏回答："是齐国人，犯了偷窃罪。"

楚王对晏子说："齐国人都善于偷东西吗？"晏子从容答道："我听说橘树生长在淮河以南就是橘树，生长在淮河以北就变为枳子，树叶形状相似，果实的味道却全变了，皆因水土不同。这个人在齐国不偷东西，到了楚国就偷起东西来，莫非是楚国的水土使然？"楚王听后苦笑着说："真是不能和有实力的人开玩笑，我反而自取其辱了。"

33. 面对楚国为自己开的小门，晏子：
　　A 很气愤　　　　　　　　B 很兴奋
　　C 很机智　　　　　　　　D 很无奈

34. 按晏子的意思，他被派遣出使楚国是因为：
　　A 齐国人个子都矮　　　　B 齐国人多，不好选
　　C 楚国是个无赖国家　　　D 楚王是最无能的国君

35. 晏子来楚之前，楚王和大臣共同：
　　A 设计圈套　　　　　　　B 审理案件
　　C 妄想害人　　　　　　　D 磋商国事

36. 晏子讲橘树的故事，是要说明：
　　A 楚国的声誉并不好　　　B 楚国的小偷比齐国多
　　C 楚国使好人变为了坏人　D 楚王的阴谋已经得逞了

28 高山流水遇知音

一、听 力

第一部分 28-1

第1-5题：请选出与所听内容一致的一项。

1. A 女性杂志的格调普遍不高
   B 女性读者对杂志内容要求很高
   C 女性读者希望杂志提供丰富信息
   D 女性杂志因读起来轻松而受欢迎

2. A 没有森林就没有人类
   B 远古人类靠海洋生存
   C 远古人类生活在森林中
   D 人类必须增强资源意识

3. A 他表演相声时经常又哭又笑
   B 他做相声演员本身是个意外
   C 他的相声反映了相声的发展历程
   D 他的相声收到了意外的表演效果

4. A 日本人很喜欢山
   B 日本是个爱美的国家
   C 日本把樱花视为骄傲
   D 3月15日是日本的国庆节

5. A 地毯使用寿命很短
   B 地毯不能经常暴晒
   C 地毯不可用湿布擦
   D 地毯上不可撒汤类等东西

第二部分

第6–10题：请选出正确答案。

6. A 如何控制埃博拉疫情
   B 钦佩、赞叹中国的医疗水平
   C 许多国家为防治疾病投入了资金
   D 对付某些传染病暴发需要国际合作

7. A 会重新陷入贫困
   B 会丧失发展机会
   C 会导致人口危机
   D 会减少投资收益

8. A 成为稻米生产的行家
   B 研究如何提高生产力水平
   C 介绍中国政策扶持的好经验
   D 根据当地的需求推广合适的技术

9. A 现金不足
   B 成本过高
   C 利率不透明
   D 服务不到位

10. A 借一块钱不收费
    B 价格低廉效率高
    C 可替农民管理储蓄
    D 监管到位信任度高

第三部分  28-3

第 11-17 题：请选出正确答案。

11. A 他谈恋爱用了 17 年
    B 他 17 年写了两部小说
    C 他主动跟屠格涅夫和解
    D 他的兴趣是喝酒、聊天

12. A 他很珍惜友情
    B 他一直在养病
    C 他缺少自省精神
    D 他主动写信认错

13. A 友谊需要真诚对待
    B 多好的朋友都会吵架
    C 世界上没有牢固的友谊
    D 放下架子也没什么大不了

14. A 男孩在公园里歌唱
    B 男孩想给女孩惊喜
    C 女孩在给男孩跳舞
    D 公园里有很多蝴蝶

15. A 她是个舞蹈演员
    B 她的眼睛失明了
    C 她早就认识男孩
    D 她想帮男孩治病

16. A 他很欣赏会跳舞的女孩
    B 他告别女孩远走他乡了
    C 他生病后变得非常悲观
    D 他逝世后捐出了眼角膜

17. A 男孩善良而宽容
    B 男孩死于心脏病
    C 女孩重见了光明
    D 医生的医术高明

二、阅 读

第一部分

第 18-20 题：请选出有语病的一项。

18. **A** 学习成绩的提高，主要取决于是否学生努力。

    B 老头儿一个巴掌打去，吴三差点儿被打趴下，嘴角顿时流出血来。

    C 南海波涛汹涌，夜间行船更是危险，即将远行的李云望着海面出神。

    D 和"十七年"电影相比，20世纪90年代以后的电影主旋律发生了明显的变化。

19. **A** 中国古代诗歌很讲究节奏和押韵，音乐感很强。

    B 他把自己构想中的车体形状画在一张乐谱的背面拿给我看。

    C 随着秦兵马俑在沉寂24年后的再次发掘，引起了国内外媒体的关注。

    D 黎明之前，客机在空中突然粉碎性解体，141名机组人员和乘客全部遇难。

20. **A** 睡前在脸上涂抹鸡蛋清，早上起来用清水洗，可使脸部肌肤润滑，保持青春的美丽。

    B 萤火虫原本出没在野草丛生的荒凉的地方，如今竟在宫院中飞来飞去，说明宫女生活的凄凉。

    C 在他的遗体前，我们悲痛万分。他一直关心和照顾着我们一家，可我们还没来得及感谢他，他就走了。

    D 经济泡沫与泡沫经济是两个不同的概念，前者反映的是"局部"的经济现象；后者反映的是"全局"的经济形象，不可混为一谈。

第二部分

第 21-23 题：选词填空。

21. "民间艺术"，是艺术领域中的一_____分类，冠以"民间"字样，_____是要与所谓的"宫廷艺术"与"贵族艺术"等有所区分，而且"民间艺术"的领域也更_____。

    A 份   不止   壮观   **B** 项   显然   宽广
    C 类   明确   美妙   **D** 门   向来   平凡

22. 纽约是个艺术的大都会，_____那里的很多街头艺人_____，完全可以上卡耐基音乐厅进行_____。但为什么他们会在街头或地铁站里表演呢？说_____了这其实是一种生活方式。

    A 据说   技艺超群   演奏   白   **B** 传说   难能可贵   表演   穿
    C 话说   出类拔萃   演出   明   **D** 虽说   超群出众   上演   破

23. 坐在他对面，听他侃侃而谈，我有时会产生这样的_____：这个人怎么这么奇怪？中国传统文化中_____熏陶出博学儒雅的文士、忍辱负重的忠良、_____悲歌的英雄，但极少会有他那份泼辣、尖刻、诙谐的_____。

    A 怀疑   不时   豪迈   气魄   **B** 疑问   不免   豪壮   真挚
    C 困扰   时而   正气   气概   **D** 疑惑   间或   慷慨   气质

第三部分

第 24-28 题：选句填空。

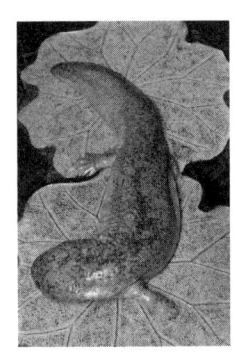

家里穷得揭不开锅了，庄子只好硬着头皮到监河侯家去借粮。监河侯爽快地答应下来，说："行，等我收到租税后，(24)_____。"庄子听罢满脸沮丧，对监河侯说："我昨天赶路，半路听到呼救声。环顾四周不见人影，再观察周围，(25)_____，呼吸急促，气息奄奄。"庄子叹了口气说："唉，它见到我，像遇见救星般向我求救。据说，这条鱼原住东海，不幸沦落车辙，眼看就快要干死了，请求路人给点儿水，救救性命。"(26)_____，问他是否救助了那条鱼。庄子冷冷地说："我说可以，等我到南方，请人帮忙把清澈的江水引到你这儿来，你就可以游回东海老家去了！"

(27)_____，说："那怎么行呢？""是啊，鱼也说眼下断了水，没有安身之处，只需几桶水就能解困，你那叫远水不解近渴呀，不等把水引来，我就成了干鱼啦！"

"远水解不了近渴"，(28)_____，用以讽刺说大话、讲空话、不解决实际问题的做法。我们提倡少说空话，多办实事。

A 原来干涸的车辙里躺着一条鱼

B 马上借你 300 两银子

C 监河侯认为庄子的救助方法十分荒唐

D 这是人们的常识

E 监河侯听了庄子的话

第四部分

第29-36题：请选出正确答案。

29-32.

生活中并不是所有的人都能成为朋友。每个人都有自己的人生态度、性格特点、处世方法和情趣爱好，选择朋友也各自都有标准。有的人的标准是能玩儿到一块儿，有的人的标准是能聊到一块儿，有的人希望朋友是自己的心灵港湾，有的人希望朋友能替自己解决难题。我交朋友的原则是追求心灵的沟通。

我常想，人生在世，离不开友情，离不开互助，离不开关心，离不开支持。在朋友遇到困难、遭受挫折时，能够伸出援手，帮助朋友渡过难关，要比赠送名贵礼物有用得多。因为真正的朋友，应该相互排忧解难，欢乐与共。唯此，友谊才能持久常存。

朋友之间的伤害往往是<u>无心</u>的，帮助却是真心的，生活中，就算最要好的朋友也会有摩擦，忘记那些无心的伤害，铭记那些真心的帮助，你会发现这世上你有很多真心的朋友。夜深人静时，当你望向星空，脑海中就会浮现跟朋友在一起时的美好时光，这就是朋友的重要！

我想永远拥有许多真心的朋友，但我深知这是不可能的，人生本来就是聚少离多。人生贵在相知，互相的惦念、互相的牵挂、互相的爱护便是人世间最难得的情感抚慰。好友之间所以能长期共存，正是因为有了这种心灵间的相互依存与默契，唯此，孤独的人生才变得丰富而深刻。

29. 什么样的人能够成为"我"的朋友？
   A 与"我"爱好一致　　　　B 与"我"有话可说
   C 能帮"我"解决困难　　　D 与"我"有共同语言

30. 真正的朋友，就应该：
   A 经常联系　　　　　　　B 雪中送炭
   C 常送礼物　　　　　　　D 相见恨晚

31. 第3段画线词语"无心"的意思最可能是：
   A 很快就忘了　　　　　　B 没往心里去
   C 不是成心的　　　　　　D 用心设计的

32. 作者认为人生最珍贵的是：
   A 有丰富经历　　　　　　B 有家人陪伴
   C 有爱人支持　　　　　　D 有朋友相依

33-36.

邹忌高高的个子，英俊秀美，又不失男子汉气质。每次面对镜子，都感觉自己足够帅。徐公是齐国出了名的美男子，每每提起徐公的美貌，邹忌都会有些不自信。这天，他穿上礼服又站在了镜子前面，恰好妻子走过来，他试探着问妻子："我跟城北徐公谁美？"妻子说："您美，徐公哪里比得上您！"邹忌看了看镜子，不太相信。转而问他的侍妾："我跟徐公谁美？"侍妾说："当然是您美了！"第二天，来了位客人，言语之中，邹忌又问客人："我跟徐公谁美？"客人说："徐公不如您美。"

过了一天，徐公来访。邹忌仔细端详后，觉得徐公的美貌绝对超过自己。可是妻妾和客人为什么都不以实话相告呢？

黑夜降临，邹忌躺在床上，心里还在琢磨这事，想来想去终于明白了：妻子说自己美，是偏爱自己；侍妾说自己美，是惧怕自己；客人说自己美，是有求于自己。

第二天，邹忌见到了齐王，把这件事讲给了齐王听，并感慨道："现在齐国也堪称大国了，您的妻妾、亲信，没有一个不偏爱您的；满朝大臣，没一个不惧怕您的；有求于您的人就更多了。您要是不能明辨真相，后果就严重了！"齐王领会了邹忌话中的含义，立刻下了道命令，无论以什么方式给朝廷提意见，都会得到奖励，哪怕在公共场所指责齐王。

一时间，臣子们上朝进言的队伍从宫门排到了殿堂，好不热闹；几个月后，提意见的积极性还是很高，但意见少多了；一年以后，即使想提意见，也没什么可说的了。齐国也因此变得更强大了。

33. 关于邹忌，下列说法正确的是：
   A 不像个男子汉　　　　　　B 对徐公有些嫉妒
   C 很会给齐王讲故事　　　　D 能够透过现象看本质

34. 妻、妾、客人的共同点是：
   A 审美观不同　　　　　　　B 都说了假话
   C 习惯了实话实说　　　　　D 都认为邹忌最美

35. 关于齐王，下列说法正确的是：
   A 做了很多错事　　　　　　B 以前大家都怕他
   C 是个犹豫不决的君主　　　D 思想开通，不顽固保守

36. 最后一段画线词语"一时间"的意思是：
   A 短时间内　　　　　　　　B 偶然
   C 一个时期　　　　　　　　D 三天两头

三、书写

第 37 题：缩写。

（1）仔细阅读下面这篇文章，时间为 10 分钟，阅读时不能抄写、记录。
（2）10 分钟后，收起阅读材料，请你将这篇文章缩写成一篇短文，时间为 35 分钟。
（3）标题自拟。只需复述文章内容，不需加入自己的观点。
（4）字数为 400 左右。

　　4 年前，记者偶然得知，一位清华大学退休老教授生前倾毕生积蓄捐助西部贫困学子。他想做一次采访，但几次与校方沟通，均因尊重老教授"不要张扬"的遗愿而被婉拒了。

　　随着时间的推移，细节在口口相传中愈加清晰：他退休后在美国做客座教授，薪酬不菲，却日日省吃俭用；他回国后在某著名企业担任顾问，还自带铺盖、炊具，租住普通民房；他捐出所有，却在癌症晚期舍不得用进口药……

　　4 年后的一个黄昏，一直想采访的记者终于如愿以偿。他走进赵家和十几年未曾变样的住所，赵家和满头白发的妻子坐在老旧的转椅里，安详而沉静地回忆着丈夫的一切："他最爱教书""最高兴的事就是讲一个问题，别人听懂了""他离不开学生"……

　　1998 年，赵家和退休了。他去了美国做客座教授，大家以为赵老师颐养天年的好日子开始了。三年后，他却放弃了待遇丰厚的工作回国了，把从美国带回的 20 多万美元交给了他的学生刘迅打理，自己继续在外讲学、给商业机构做顾问。

　　2005 年，账户里的资金超过了 500 万。这一次，72 岁的赵家和要做一件在他心中酝酿已久的大事了——捐资助学。

　　先搞实地调研：为了解贫寒学子的生活状况，赵家和搭乘公共汽车，一趟趟考察。再搞模型论证：赵家和认为，小学、初中有义务教育，大学有助学贷款，钱要花在穷孩子"最要劲"的高中上。有句话他常挂在嘴边："我们也没有多大本事，就做一点儿雪中送炭的事吧，锦上添花的事情就不做了。"

　　2006 年，第一笔助学款从北京寄出，江西、湖北、吉林、甘肃……中国的版图上，多少在困境中拼搏的贫寒学子在赵老师的助推中重燃希望；2009 年，赵家和改变捐助方式，把捐助范围从全国多地向西部聚拢；2011 年，他筹建了助学基金会；无数优秀寒门学子成为资助对象。

　　在美国讲学、在欧洲开会，吃最便宜的鸡腿，啃法棍面包，是他的生活常态。一辈子过着精打细算的日子，可就是这样的赵老师有 1000 多万，而且全都捐了。

　　就在助学走上正轨的时候，赵家和病倒了。惊闻此事的刘迅不知所措，然而他又有些庆幸——幸亏赵老师的账户上有一千多万，可以保证最好的治疗。可赵家和又做出了惊人的决定：保守治疗，钱全部用于助学。

　　"什么才是最好的投资？赵老师的人生追求是什么？"记者问赵老师的妻子。这个与赵家和携手走过一生的温婉老人微微一笑，说："就是做事吧。"

人体探秘 8

29 "笑"的备忘录

一、听力

第一部分 29-1

第1-5题：请选出与所听内容一致的一项。

1. A 《康熙字典》是康熙编的
   B 《康熙字典》的编纂者共有2人
   C 《康熙字典》的名字是康熙起的
   D 编写《康熙字典》共用了六年时间

2. A 爱起哄的心态不健康
   B 有好奇心是人的本性
   C 在街上唱歌是一种快乐
   D 喜欢凑热闹的人不在少数

3. A 婴儿喜欢拥有自己的玩具
   B 大人总会帮婴儿实现目标
   C 大人应该想办法了解婴儿的理想
   D 1岁的婴儿会表现出自己的意向

4. A 读者的时间也是成本
   B 报纸的成本越来越高
   C 扩版后报纸信息变少
   D 现在的人不愿意读报

5. A 这个剧本只适合阅读
   B 这个剧本演出效果很好
   C 这个剧本写得极其成功
   D 生活中的口语是最文雅的

第二部分 29-2

第 6-10 题：请选出正确答案。

6. A 厨师省脑子
   B 厨师挣钱多
   C 厨师不会失业
   D 厨师不会挨饿

7. A 因为做小工、刷盘子太累
   B 因为他从小喜欢吃北京菜
   C 因为他迷恋上了厨师这个行业
   D 因为他的师傅是个很有魅力的人

8. A 要多放油
   B 做菜讲究标准化
   C 各种调料要按顺序放
   D 各种调料的量要恰到好处

9. A 是男的学会的第一道菜
   B 最后男的根本没做出来
   C 是大家强烈要求男的做的菜
   D 是大家公认最好吃的一道菜

10. A 请大家吃了顿最贵的饭
    B 一顿饭吃了好几个小时
    C 做的都是大家没吃过的菜
    D 为 8 年前的事找回了面子

第三部分

第11-17题：请选出正确答案。

11. A "0"表示最轻度的疼痛
    B "10"表示最严重的疼痛
    C 研究者做了70多次手术
    D 研究对象涉及7000多人

12. A 音乐减痛更适用于术后康复
    B 音乐减痛不适用于脑部手术
    C 音乐减痛对全身麻醉者无效
    D 任何类型的音乐都可减轻疼痛

13. A 改善医院的氛围
    B 增加临床的应用
    C 减少麻醉药的使用
    D 认识音乐的积极作用

14. A 全球一半人不能正确用药
    B 九成患者安全用药知识匮乏
    C 45万中国人缺乏正确的用药知识
    D 大部分被调查者有用药不当的问题

15. A 止痛药很难标本兼治
    B 止痛药的作用不用探讨
    C 止痛药管用只是虚假现象
    D 止痛药用法简单无副作用

16. A 抗菌消毒作用很强
    B 用后伤口不能沾水
    C 应在医生指导下使用
    D 使用不当会造成感染

17. A 烧伤患者
    B 烫伤患者
    C 出血少的伤口
    D 小而深的伤口

二、阅 读

第一部分

第 18-20 题：请选出有语病的一项。

18. A 那所学校的校舍，不是正规的学校。

   B 他厌恶公文，也不喜欢动笔，当然也没有备忘录。

   C 他对武术的见解成为了年轻人的座右铭，成为了励志的经典话语。

   D 它时时提醒我们，不要为歪门邪道所惑，走到无法回头的岔路上去。

19. A 你们说一套做一套，言行不一，表里相违，真是岂有此理。

   B 父亲很生气，说我们跟他说话没有礼貌，一点儿都把他不放在眼里。

   C 大灾之年，洪水泛滥，它的肆无忌惮给人们带来了无穷的灾害和忧患。

   D 脸谱以红色代表忠勇，黑色代表粗直，白色代表奸邪，使人物性格一目了然。

20. A 最好多做工作，他每天清晨5点多钟就起床，深夜才就寝。他对工作一丝不苟，非常讨厌懒散拖拉的作风。

   B 现在有些音乐电视越来越吸引不了观众。有的音乐作品还是不错的，可一配上电视就显得画蛇添足、不伦不类了。

   C 搜索引擎能够帮助我们更快更容易地找到信息，你只需输入一个或几个关键词，搜索引擎就会找到所有符合要求的网页。

   D 几乎每台文艺晚会都少不了相声节目，演员们幽默的语言、诙谐的表情，逗得观众捧腹大笑。相声已成为流传最广、最为群众喜闻乐见的曲艺形式。

标准教程 6（下）练习册

第二部分

第 21-23 题：选词填空。

21. 在生活世界中，人不是一个_____完成的概念，而是一个可选择的概念。人存在_____生活，人选择生活就是选择存在方式。选择存在方式就是_____自身。

    A 预先   即   创作   B 父母   和   完善
    C 事先   将   改变   D 社会   亦   激励

22. 幸福是什么？幸福就是看着粮食心里_____，不再有饿肚子的恐惧。我知道在农村的很多地方，农民家里都_____着很多粮食，看到满仓的粮食，农民的心里就踏实多了。这是很_____的想法，但_____不是被我们抛弃的真理。

    A 平静   储蓄   庸俗   毕竟   B 踏实   储存   朴实   未必
    C 平稳   积聚   机灵   历来   D 沉着   常备   难堪   明明

23. 用本族语也好，用外族语也好，一个人在思维的时候总得运用一种语言。学习外语要养成用外语_____的习惯。如果没有这种习惯，用外语说话时就得先用本族语把意思想好，_____再译成外语说出来。_____，说出来的外语就不会流畅、_____。

    A 思想   接着   如此   正宗   B 翻译   后来   当然   专业
    C 表达   以后   那样   周密   D 思维   然后   这样   纯正

第三部分

第24-28题：选句填空。

一户人家要盖房，各种材料堆放在空地上。一根杨木、一根松木并排放在一个角落里，粗大、光滑，仔细看，杨木仿佛更加粗壮一些。

夜深人静，杨木对松木说起话来。"真高兴，（24）_____！看我这粗大的体型一定是主梁！你呢，虽然瘦小一些，也可以做根柱子！"松木说："付出总有回报，（25）_____！"

第二天，工匠来选木料，师傅敲敲松木说："这根做主梁！"又看看那根粗大的杨木说："这根做个拴马桩子吧！"

夜深人静，杨木又开始说话了："（26）_____，就你那体格，要去做主梁？而我，去做拴马桩子？这世道，还有说理的地方吗！"

松木说："孩子！你是比我粗大，（27）_____，你却只生长了十几年。我生活的地方风大、缺水，环境恶劣，我们每年只能生长那么一点点，但木质紧密、结实。你生活在水源充足、营养丰富的河湾里，十几年就长得比我粗大了。但是孩子，你的身体是虚的啊！承担不起主梁的责任。"

听了松木的话，（28）_____，下决心要做好一根拴马桩子！

A 努力和汗水都不会白费

B 我们终于成材了

C 杨木惭愧得无话可说

D 那个匠人真是老糊涂了

E 可我已经有上百年的树龄了

第四部分

第29-36题：请选出正确答案。

29-32.

在床上吃比萨饼和冰激凌不行，边看电视边吃东西也不行，专家提醒人们：尽管很多人喜欢上述就餐习惯，但它对人体健康一点儿好处也没有。就餐的地点和方式与食物一样重要，因为有些环境会诱惑人多吃，有些就餐方式不利于消化。

有人对办公室、学校、餐馆、路边摊等地方做过比较，结果是餐馆、黑暗的环境以及狼吞虎咽为最差就餐地点和习惯。其理由是餐馆的美味佳肴意味着更多的卡路里，因为餐馆中许多菜品的烹饪手段是过油之后再炒，而且在餐馆进餐往往比在家里吃得更多。

至于黑暗的环境，主要是在昏暗的光线下，人们更容易无所顾忌地吃，吃得更加没有节制。

狼吞虎咽就更不可取了，细嚼慢咽有助于消化，可以防止噎着、打嗝和心脏病发作。食物的块头越大越难消化，把食物咀嚼成近似液体状才是标准的进餐方式，因此诸位不管多把时间当回事，也千万不要节省吃饭的那点儿时间。

专家特别提示，良好的就餐环境可以调动神经、内分泌和新陈代谢等多个系统，会让人感觉到满足从而停止吃东西。

29. 下列哪个是最差就餐地点？
  A 学校   B 餐馆
  C 办公室   D 路边摊

30. 狼吞虎咽的结果可能是：
  A 饭量与日俱增   B 食物消化得更快
  C 体味不出食物之美   D 严重时可引发心脏病

31. 画线词语"把时间当回事"的意思最可能是：
  A 在意时间   B 浪费时间
  C 算计时间   D 消磨时间

32. 关于就餐，专家特别提示：
  A 食品质量是最重要的   B 应高度重视就餐环境
  C 吃饭时应该专心致志   D 吃饭不要吃撑再停止

33-36.

初见刘岩，舞者的气质自然流淌，纵使多年前的那次意外让她不能再用灵巧的足尖走近你，你却仍然第一眼就会认定这是一位顶尖的舞者。笑容妩媚却豁达，声音温柔而坚定，哪怕是坐在轮椅上，你也要赞叹她长歌善舞的风采。

刘岩表示，《手之舞之》是一本学术著作，英文版的推出更是意义非凡，可以让全世界更加了解中国舞蹈文化。在世界范围内，中国的手舞研究学术性强，传承多样，在丰厚的古典文化滋润中，手舞作为微身体语言舞蹈，可以通过整体与局部来实现情感的沟通与表达。

刘岩既是一名舞者，也是一名教育者，还是一名理论研究者，而她最在意的是教师身份，坚持一线教学，培养青年人才，是她的快乐所在。

2010年，她以自己的名字命名成立了"刘岩文艺专项基金"，一直投身社会公益，关注贫困、孤残儿童的艺术教育。她告诉我们："专项基金成立以后，每周末都会资助老师走到儿童福利机构去给那些孤儿或聋哑孩子上课，虽然困难很多，但当你去帮助了那些需要帮助的人时，快乐和温暖会充满每个人的内心，最重要的是孩子们从中收获了欢乐。"

33. 根据上文，刘岩：
  A 善于倾听　　　　　　　　B 憎恶虚伪
  C 豁达乐观　　　　　　　　D 为人严肃

34. 《手之舞之》英文版的意义在于：
  A 是第一本英文舞蹈学术专著　B 着眼于中国古典文化的传播
  C 创造了中国微身体语言舞蹈　D 帮助世界了解中国舞蹈文化

35. 根据上文，可以知道：
  A 刘岩在福利机构工作　　　　B 刘岩很重视培养年轻人
  C 刘岩每天生活在快乐之中　　D 刘岩的基金更倾向于资助老师

36. 最适合做上文标题的是：
  A 舞者刘岩　　　　　　　　B 著名作家刘岩
  C 孤残儿童的好老师　　　　D 她在探测生命的意义

30 你睡好了吗

一、听力

第一部分 30-1

第1-5题：请选出与所听内容一致的一项。

1. A 他毕业于康奈尔大学
   B 布尔先生认为自由最重要
   C 十几年前他就想见布尔先生
   D 布尔先生只和他说了一句话

2. A 纸张问卷调查更受欢迎
   B 多数人都渴望学习新技术
   C 电脑采访将被更多的人肯定
   D 电脑采访只适合熟悉电脑的人

3. A 读书可摆脱愚昧
   B 不读书就会迷信
   C 他借了一张报纸看
   D 书也传授学习方法

4. A 儿子不喜欢坏天气
   B 儿子从小做事认真
   C 儿子将来也想当军官
   D 儿子是个有主意的人

5. A 其画儿如其文
   B 他学画儿非常用心
   C 他只写些短小的文章
   D 他给自己的文章画插图

第二部分 30-2

第 6–10 题：请选出正确答案。

6. A 有了定论
   B 十分浅显
   C 深入探索阶段
   D 已达最高水平

7. A 大脑能耗减少有限
   B 大脑仍在紧张思考
   C 肌体能耗大幅减少
   D 肌体仍需紧张工作

8. A 睡眠长度可长可短
   B 睡眠时间应在午夜之后
   C 上夜班后必须要补充睡眠
   D 人体不堪忍受睡眠时段混乱

9. A 猫睡是衰老的表现
   B 猫睡是丘吉尔发明的
   C 应大大普及猫睡方式
   D 精力不足可用猫睡缓解

10. A 减少消耗
    B 改善睡眠
    C 缓解紧张的心情
    D 使大脑得到休整

第三部分

第11-17题：请选出正确答案。

11. A 年轻人
    B 喜欢读书的人
    C 身体健康的人
    D 一些很有成就的人

12. A 早上困得起不来
    B 该做的事做不完
    C 心情变得非常坏
    D 不能习惯晚上早睡

13. A 熬夜要适当
    B 要懂得珍惜时间
    C 不能变晚起为不起
    D 要提早订好工作计划

14. A 青红皂白
    B 青出于蓝
    C 绚丽多彩
    D 花红柳绿

15. A 它总是不断地变化
    B 它最怕与酸碱融合
    C 适应环境的能力很强
    D 蓝色红色都与它有关

16. A 存在于胡萝卜之中
    B 颜色与胡萝卜类似
    C 有近600种颜色变化
    D 是很多人喜爱的颜色

17. A 花儿的颜色与色素有关
    B 白花中有一种透明色素
    C 叶绿素影响了叶子的颜色
    D 花青素决定着花儿的颜色

二、阅 读

第一部分

第 18-20 题：请选出有语病的一项。

18. A 只见他双腿夹了一下马肚，那马四蹄蹬开，绝尘而去。

    B 因为我在外面漂泊比较多年了，思念也变得更浓更深。

    C 用布包裹橙皮制成香包，放在枕头旁，不仅有催眠的功效，还能驱蚊。

    D 交通规则中，闯红灯、逆行虽然都是禁止的，但这样的违规行为还是时有发生。

19. A 有些人对酒精是过敏的，所以饮酒一定要量力而为。

    B 有研究显示，高盐饮食与某些癌症的发生也有一定关系。

    C 既然市民推选我当市长，我就别无选择，只有竭尽全力把工作做好。

    D 至去年年末，中国的第一大城市上海市常住人口大约为 2400 万多人。

20. A 我们的成功和有很好的团队、有合理的公司股份结构有很大关系，否则，没有深圳那么好的发展环境，我们同样不会成功。

    B 初中生大脑神经细胞的机能结构尽管有了相当的发展，可以承担比小学生更为繁重的智力活动任务，但它们仍然比较娇嫩脆弱，很容易疲劳。

    C 睡前按摩头皮能够帮助我们入睡，提高我们的睡眠质量，而且还能辅助治疗头痛、失眠、感冒、神经衰弱等。总而言之，按摩头皮有百利而无一害。

    D 女儿总是劝父母吃得好一些，穿得好一些，不要太苦了自己。然而无论你怎么劝，老人一概无动于衷，或是淡淡地答道"一辈子都是这样过来的，习惯了。"

第二部分

第 21-23 题：选词填空。

21. 在儿童的游戏，特别是创造性游戏中，要求儿童有_____而有目的的想象力，例如，"骑马""开火车"等。_____，故事、艺术活动也都能_____想象力的发展。

    A 凭空   其余   推动   **B** 广阔   其他   适宜
    C 丰富   此外   促进   **D** 奇异   别的   助力

22. 天桥乐茶园——一个_____的剧场，几百位观众，惯常的座无虚席，_____，并不时爆发出_____般的笑声与掌声，这便是相声表演社团"德云社"演出时最常见的_____，用一个字儿来形容："火"。

    A 像样   心神不定   风雨   场合   **B** 传统   聚精会神   潮水   景象
    C 演出   供不应求   迅雷   形势   **D** 过瘾   举足轻重   海啸   现象

23. 好不容易来趟台湾，_____全岛观光一_____，但时间有限，只能走马观花。况且，我的兴趣不在台北的风景名胜、街市风情，我希望_____能接触到一些台北的市民，了解这座名城的内在_____。

    A 恨不得   趟   反反复复   品质   **B** 迫不得   次   三三两两   生态
    C 等不得   轮   堂堂正正   根源   **D** 巴不得   番   多多少少   韵味

第三部分

第 24-28 题：选句填空。

睡眠医学作为一门新兴学科有其独特之处，但是之前并未受到足够的重视，以前在医学院校中没有与睡眠医学相关的课程，(24)_____，这是世界性的问题。

美国经过 20 多年的发展，(25)_____，与睡眠相关的课程已成为医学院校学生的必修课。他们几年前还建立了独立认证体系，通过了睡眠医师及睡眠技师资格考试制度。2003 年底 2004 年初通过认证的睡眠专业医师已有 2500 人。睡眠专业学会制定了睡眠障碍诊治指南，(26)_____。

(27)_____，健康睡眠和睡眠障碍的巨大潜在市场吸引了众多国内外企业投入到睡眠产业中，如睡眠相关的药物、器械、保健食品、家居、纺织品等。它是生命科技产业的重要组成部分，(28)_____，有的也确实能够帮助解除或减轻睡眠障碍病人的痛苦。

A 医院中也没有睡眠专科

B 同时能够给人们提供良好的睡眠条件

C 规范的诊疗体系已然形成

D 一个新学科的产生必然伴随着相应产业的兴起

E 睡眠医学已逐渐成为独立的专业学科

第四部分

第 29-36 题：请选出正确答案。

29-32.

美国《科学》周刊刊登了科罗拉多大学教授劳伦斯·威廉斯和耶鲁大学教授约翰·巴奇的研究成果，认为身体的热量，如手捧一杯咖啡时产生的热量，能够对人际关系和社会行为产生积极影响。

科学家进行的首次实验是给 41 名妇女每人一杯咖啡，有的咖啡是热的，有的是冷的，然后向她们询问个人信息，之后让她们对某个人进行简短描述。结果表明，手捧热咖啡的人对描述对象的看法比手捧冷咖啡的人要积极很多。研究报告指出，是身体产生的热量使这些妇女对描述对象产生了亲切感。

第二次实验同样表明了体温对社会行为会产生影响。在实验过程中，参与者需要为自己或朋友选择一份小礼物，手捧热咖啡的人大多会为朋友挑选礼物，而手捧冷咖啡的人更愿意为自己选礼物。

这项研究成果有助于理解，为什么人类和动物在幼年时期要依靠身体接触和温暖的感觉来刺激情感发育和发展健康的社会关系。

29. 关于第一次实验，下列哪项正确？
 A 41 名妇女喝的是热咖啡　　B 参与者会被问及个人信息
 C 捧热咖啡的人对生活更乐观　D 参与者要介绍自己的一位朋友

30. 关于第二次实验，下列哪项正确？
 A 参与者要互相赠送礼物　　B 手捧热咖啡的人不够大方
 C 手捧冷咖啡的人相当慷慨　D 参与者可为自己或朋友选礼物

31. 根据这段话，可以知道什么？
 A 咖啡会对人产生影响　　　B 健康的社会关系有助于人的成长
 C 幼年，温暖的感觉可刺激情感的发育　D《科学》杂志的工作人员参与了此项研究

32. 最适合做上文标题的是：
 A 多喝热咖啡的好处　　　B 热咖啡可以调剂情绪
 C 人体热量影响人际关系　D 能够扰乱人类行为的冷咖啡

33-36.

一些患有失眠症的人常说自己丢三落四，记忆力减退，气色不好，有时发呆、情绪起伏不定。为了弄清失眠症患者与睡眠正常者的脑部差异，有研究者专门做了实验。

这项研究的参与者包括25名失眠症患者和25名睡眠正常的人。

研究显示，失眠症患者在完成涉及短时记忆的工作时能和没有睡眠障碍的人做得一样好。

在睡眠测试环节，失眠症参与者每晚的平均睡眠时间是6小时，而睡眠正常的人则是7小时。所有参与者都需要完成一项涉及工作记忆的任务，在此期间，研究人员会使用功能性磁共振成像技术扫描他们的大脑。工作记忆是一种利用在大脑中处理并储存的短时信息完成手头任务的能力。这项记忆任务是依次看一组字母并找出其中重复出现过的。

在这项任务中，与没有睡眠问题的人相比，失眠症患者大脑中涉及工作记忆的区域活跃度较低。随着任务难度的加大，睡眠正常者大脑中另一处涉及工作记忆的区域——背外侧前额叶皮层也开始活跃起来，但失眠症患者大脑中的这一区域未显示出变化。随着任务难度的再次加大，睡眠正常者会将大脑中涉及"缺省模式"的区域关闭。这些区域在人<u>走神</u>时处于活跃状态。但失眠症患者没有关闭这些区域。

根据以上结果，失眠症患者感觉自己要比睡眠正常的人工作更辛苦并不令人感到惊讶。这些数据帮助我们认识到，失眠症患者不仅在晚上会失眠，他们的大脑在白天也无法有效运转。

33. 失眠症患者的主观感受是：
   A 感到不安　　　　　　　　B 常有失意感
   C 面部表情僵硬　　　　　　D 情绪脱离正常轨道

34. 关于研究项目的设计，下列哪项正确？
   A 项目不涉及短时记忆　　　B 参与者要牢记自己的任务
   C 参与者要听到指令后再动手　D 研究者会观察参与者大脑的变化

35. 根据研究及研究结论可以知道，失眠症患者：
   A 大脑处于麻木状态　　　　B 大脑不能有效工作
   C 可以承担难度大的工作　　D 即使完成简单任务也很吃力

36. 倒数第2段画线词语"走神"的意思最可能是：
   A 神思敏捷　　　　　　　　B 意识模糊
   C 注意力分散　　　　　　　D 心中七上八下

31 运动的学问

一、听 力

第一部分 31-1

第1–5题：请选出与所听内容一致的一项。

1. A 沈括是第一位笔记文学作者
   B 沈括是《梦溪笔谈》的出版商
   C 《梦溪笔谈》的学术价值非常高
   D 北宋是中国科学技术发展的黄金时期

2. A "广义""狭义"基本没区别
   B 广义的家庭暴力包括精神伤害
   C 家庭中丈夫虐待妻子现象广泛存在
   D 家庭暴力只发生在丈夫与妻子之间

3. A 医生给病人胡乱诊断了一通
   B 狠心的家人不承认朋友病了
   C 朋友心思太重，终于病倒了
   D 医生骗病人，也是出于好意

4. A 张衡认为月亮是发光的
   B 在张衡眼中地球像鸡蛋
   C 张衡的天文学说很精确
   D 张衡是1800多年前的人

5. A "饥饿营销"有弊有利
   B "饥饿营销"不可急于求成
   C "饥饿营销"促使老产品更新换代
   D 为新产品树立品牌应使用"饥饿营销"

第二部分 31-2

第6-10题：请选出正确答案。

6. **A** 要有丰富的体育知识
   B 要努力宣传公平竞争
   C 要平等地对待每一个人
   D 要公允地对待赛场纠纷

7. **A** 运动员开始比赛的时刻
   B 漂亮运动员出场的时刻
   C 裁判受到大家肯定的时刻
   D 观众看到精彩赛事的时刻

8. **A** 要舍得拼命
   B 要克服自身弱点
   C 要不断地超越自己
   D 要端正对他人的态度

9. **A** 运动会可以进入大家的生活
   B 希望带动师生重视日常锻炼
   C 可以强化师生保重身体的意识
   D 给身体好的人一个炫耀的机会

10. **A** 女的采访的是学校的运动会
    B 运动会每次都邀请专业运动员
    C 男的在运动会中取得了好成绩
    D 运动会让女的养成终身健身的习惯

第三部分

第 11-17 题：请选出正确答案。

11. A 赛事最为频繁
    B 成绩提高幅度有限
    C 过去的 20 年举行了 16 次比赛
    D 2008 年以前的世界纪录都被打破了

12. A 和游泳比，赛事少得多
    B 刷新纪录是件很困难的事
    C 运动员水平基本没有提高
    D 撑竿跳连续 38 年创造了新纪录

13. A 游泳比田径运动更加成熟
    B 田径的发展是循序渐进的
    C 田径运动中很多动作有遗传因素
    D 游泳纪录的诞生是科学家的功劳

14. A 久坐不利于健康
    B 癌症多少都与久坐有关
    C 久坐是英年早逝的重要原因
    D 大剂量运动可降低久坐的危害

15. A 每天要坚持运动
    B 每次活动 30 分钟
    C 隔半小时活动一下
    D 站着写小说、写信

16. A 坐着工作比站着工作健康
    B 久坐看电视，死亡风险会增加
    C 久坐不伤害健康，但对姿势有要求
    D 定期活动的话，坐着站着没什么区别

17. A 很多英国人选择站着办公
    B 英国有 5000 多名研究人员
    C 用人单位越来越怕员工生病
    D《国际流行病学杂志》是季刊

二、阅 读

第一部分

第 18-20 题：请选出有语病的一项。

18. **A** 如果指甲劈裂，可在指甲和指甲沟涂些甘油。

    B 我和父亲并排跑着，猛一抬头，竟然发现父亲有了一丝白发。

    C 构成人体的物质有：水、蛋白质、脂肪、糖类、无机盐以及维生素等。

    D 蛋白质对于构成地球上这个绚丽多彩的生物世界有着举足轻重的作用。

19. **A** 她多才多艺，能歌善舞，有一副"永不生锈的嗓子"。

    B 两支球队在赛场上那种认真，那种投入，像极了一个战场。

    C 祁连山位于河西走廊之南，由七条平行走向的山脉和谷地共同组成。

    D 他觉得自己是做出了一些成绩，但是比起对他的评价，着实有些愧不敢当。

20. **A** 初中生骨骼还处在生长阶段，骨骼的钙化程度没有成年人高，骨骼容易变形、弯曲和损伤。

    B 春秋后期我国出现了铸币，有布币、刀币，还有圆钱。圆钱或呈圆廓方孔，或呈圆廓圆孔，主要流通于秦，六国也有铸造，主要流通于北方。

    C 经过这些年，我发现渐渐地变了，真的变了，感觉自己在生活上、学习上、对待朋友上、对待家人上，特别是最要好的朋友，我真的懂得珍惜了。

    D 森林有"绿色金子"之称，它可以把二氧化碳转换成氧气，可以用树木巨大的根系使土壤和水分得到保持，从而有效地控制洪涝灾害和荒漠化的发生。

第二部分

第 21-23 题：选词填空。

21. 英国留学归来，他有了很大变化，不仅英国式英语讲得纯正，而且用词_____、慎重，即使是和朋友_____，也不忘_____一下"最后通牒"的形式。

  A 典型 告吹 显摆   B 规范 断交 玩弄
  C 文明 反目 宣扬   D 精准 决裂 迁就

22. 随着生活水平的提高，中国人对休闲食品的需求量_____上升，加上食品_____部门对食品卫生把关越来越严，也使得消费者能够放心地_____休闲食品，这就使得休闲食品行业发展的未来更被人们_____。

  A 逐年 相关 食用 看好 B 略微 关联 选用 青睐
  C 坚定 协会 尝试 看中 D 剧烈 联络 采用 赏识

23. _____教育对经济发展的巨大作用，世界各国的有识之士已逐渐形成一种_____：国家间的经济竞争、军事竞争、_____国力竞争，在很大程度上是科学技术的竞争、民族素质的竞争，而_____是教育的竞争。

  A 出于 共鸣 提高 追本溯源 B 鉴于 共识 综合 归根到底
  C 落实 认可 增强 百川归海 D 关于 意识 现有 追根究底

第三部分

第 24-28 题：选句填空。

"低温烫伤"，顾名思义，是由于长时间接触高于体温的低热物体所引起的烫伤。在医学上，（24）_____，人体持续接触44℃的温水6个小时，皮肤就会受到损害。这说明，烫伤的程度不仅取决于烫伤的温度，还要看持续的时间。

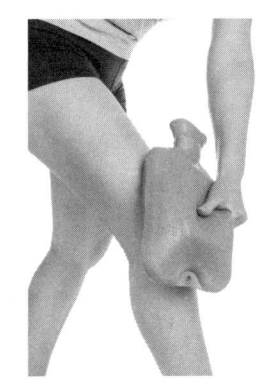

（25）_____，对于低温烫伤，人体的皮肤在短时间内无法快速反应，特别是体感较弱的老年人可能根本没有感觉。如果低温热源持续作用，就会逐渐发展为真皮深层及皮下各层组织烫伤。人体没有特别的疼痛，皮肤表面看起来烫伤面积也不是很大，（26）_____，但创面往往比较深。

医生特别提醒，糖尿病、皮肤敏感性低者以及老年人，都不适合长时间使用发热产品，因为他们往往神经末梢比较迟钝，（27）_____，也不容易察觉疼痛。同时医生建议，冬季使用能够持续发热的产品时，最好间断使用，比如用半个小时后，隔离一下或拿下来让皮肤透透气，（28）_____，然后再继续用。

A 烫伤皮肤表面也不一定有伤口

B 也能让局部残留的热量挥发一下

C 不同于由开水或者明火造成的烫伤或烧伤

D 曾有一个很经典的实验

E 皮肤对温度不敏感

第四部分

第29-36题：请选出正确答案。

29-32.

俗话说："饭后百步走，能活九十九"，在现实生活中，这句话的忠实信奉者不在少数。其实，饭后百步走，怎么个走法，是有讲究的，如果生搬硬套，放下饭碗就立即"百步走"，可能会健身不成，反而伤身。

从消化生理功能来说，刚吃完饭，胃部正处于充盈状态，这时必须保证胃肠有充足的血液供应，以帮助消化。如果饭后马上散步，血液就会转而流向双腿为其"供能"，这对于年轻人来说影响不大，但对于老年人来说，就会产生一定的负面影响。因为，老年人随着年龄的增长，供血器官心脏和血管会逐步衰退，供血功能也会逐渐降低。当胃肠及下肢都需要大量的血液供应时，势必会加重心脏负担，给健康带来不利影响。

同时，人胃中的消化液来自进食后的条件反射，胃部饱满，胃液才能分泌旺盛，形成一个良性的消化过程。如果刚进完餐就散步，会延缓胃液的分泌，破坏胃的正常消化，容易诱发消化不良。因此，饭后最好休息片刻，以保证人的肠胃得到更多的血液供应。

29. 关于"饭后百步走，能活九十九"：
  A 如何走，方法要得当　　　　B 不少人实践后受益了
  C 医生不相信它的真实性　　　D 俗语而已，缺少科学性

30. 从消化生理功能的角度说：
  A 老年人需要血液来消化　　　B 刚吃完饭胃处于饱胀状态
  C 血液有时流向胃有时流向腿　D 饭后马上走血液会更多流向心脏

31. 什么行为可能引发消化不良？
  A 吃得过饱　　　　　　　　　B 吃完饭就走路
  C 吃饭速度过快　　　　　　　D 边吃饭边休息

32. 最适合做上文标题的是：
  A 如何让我们更健康　　　　　B 消化不良是怎么回事
  C 饭后百步走，能活九十九　　D 饭后百步走，也要讲时候

33-36.

一项研究显示，聪明的人更喜欢静坐的生活方式，他们很少感到无聊，并且会花更多时间沉静在思绪中。研究人员发现，那些整天进行体育活动的人常常是不爱思考的人，他们活动是为了刺激大脑以逃避思考。《健康心理学杂志》上的一篇研究论文说："有着较高认知需求的人似乎更满足于精神上的'自我娱乐'，而认知需求较低的人很容易感到无聊，并且会从更加负面的角度去感受。"

研究人员首先就"认知需求"对一群学生进行了测试。让他们对一些说法的认同或者不认同程度做出回答，比如"我喜欢那种需要新的解决方法的任务"以及"我只进行最必要的思考"等。为了进一步了解懒惰是否是聪明的表现，研究人员从中挑选了 60 名大学生进行测试，其中一半被认为是"爱思考的人"，另一半则被认为是"不爱思考的人"，所谓"爱思考"与"不爱思考"都是经过认知需求测试后对他们进行的分类。

之后，研究人员让他们在 7 天内一直佩戴一个"体动记录仪"，这个仪器可以记录他们的活动和运动水平，以便研究人员对数据进行分析。结果发现，与"不爱思考的人"相比，"爱思考的人"的活动要少很多。不过在周末的时候，两组的结果差不多。

33. 聪明人喜欢的行为方式是：
    A 沉思　　　　　　　　　　B 静养
    C 三思而行　　　　　　　　D 左思右想

34. 《健康心理学杂志》上某篇论文的观点是：
    A 人的认知是有差别的　　　B 认知需求有高低之分
    C 认知需求低的人比较无聊　D 认知需求高的人活跃在精神世界

35. 研究人员的测试：
    A 共分为两步走　　　　　　B 总共进行了 7 天
    C 没多少学生感兴趣　　　　D 解释了懒惰与聪明的关系

36. 最适合做上文题目的是：
    A 勤于思考的人可能不爱动　B 爱动的人不愧是聪明人
    C 静坐也是一种生活方式　　D 运动可排解无聊是一种误解

32 有时，不妨悲伤

一、听 力

第一部分　32-1

第1-5题：请选出与所听内容一致的一项。

1. A 乐观的人有时会忽视危险
   B 乐观的人经常会做些傻事
   C 有人认为睡觉比什么都重要
   D 天塌下来表示危险即将来临

2. A 有思想的孩子才记日记
   B 家长都喜欢看孩子的日记
   C 孩子的日记是写给自己的
   D 家长喜欢漂亮的有锁的日记本

3. A 服饰文化的历史不长
   B 素净淡雅的服饰如诗如画
   C 美丽的服饰能制造出非凡的效果
   D 每种服饰文化都体现着相应的观念

4. A 要善于发现别人的优点
   B 人与人存在分歧很正常
   C 与人发生冲突时要冷静
   D 与人谈话态度诚恳很重要

5. A 爱尔兰先于北美过万圣节
   B 大家喜欢自制万圣节服装
   C 一般商场都会卖魔鬼服装
   D 万圣节始于大约1500年前

第二部分 32-2

第 6-10 题：请选出正确答案。

6. A 兴奋
   B 向往已久
   C 不甚积极
   D 像参加考试一样紧张

7. A 越来越成熟
   B 越来越乐观
   C 尝试过很多职业
   D 受到鼓励才坚持下来

8. A 他学会了顺应市场
   B 社会从不缺少关怀
   C 岁月不可能淹没美好的记忆
   D 他坚持做好自己喜欢的东西

9. A 成功的歌手每一首歌都很成功
   B 只有不断学习才能了解音乐市场
   C 真正爱音乐的人会做自己喜欢的东西
   D 歌手在音乐市场中扮演着痛苦的角色

10. A 年轻时思想更开阔
    B 40 岁的人更趋于保守
    C 30 岁犯错误也在情理之中
    D 世界在变化，很多事没有答案

第三部分

第 11-17 题：请选出正确答案。

11. A 花期非常短
    B 下雨就开花
    C 是热带植物
    D 高可达 1.5 米

12. A 花很漂亮
    B 颜色鲜艳
    C 花朵巨大
    D 花味很臭

13. A 传播花粉
    B 阻止甲虫的侵袭
    C 把微小的花籽收起来
    D 把花籽转移到其他地方

14. A 倡导孩子学作诗
    B 带领孩子学英语
    C 亲自辅导孩子学习
    D 只重视孩子智力的开发

15. A 使孩子具有健全的人格
    B 把孩子送进有名的学校
    C 让孩子能应付各类考试
    D 让孩子具有健康的体魄

16. A 每门功课都考第一
    B 正确认识生命的意义
    C 从小就选择好了职业
    D 能和所有的人做朋友

17. A 父母的教育背景很重要
    B 父母会不会演戏很重要
    C 父母的教育观念很重要
    D 父母是不是成功很重要

二、阅 读

第一部分

第 18-20 题：请选出有语病的一项。

18. A 他不但跑得快，球也打得不怎么好。

    B 他因重感冒，导致头痛、喉咙不舒服。

    C 轮船驶向碧波万顷的大海，看着一群群洁白的海鸥，姑娘慢慢停止了哭泣。

    D 古代的裙子与今天不同。古代的裙子宽松、庞大、厚实，起不到透气的作用。

19. A 中国的武功重视内功的修炼，最忌讳花拳绣腿。

    B 我今天坐打的来的，太堵了，平常 20 块钱就到，今天翻了一番。

    C 他明白了一切后，感到很痛苦，因为他压根儿不会想到我会背叛他。

    D 流鼻涕、咳嗽、吐痰、打喷嚏都是呼吸道自我清洁和自我保护的一种表现。

20. A 大学里有许多年龄相仿的同伴，他们出色的表现也会影响她，对她起到潜移默化的作用。

    B 大鲵是世界上现存最大的，也是最珍贵的两栖动物。它的叫声像婴儿的哭声，因此人们又叫它"娃娃鱼"。

    C 司徒雷登一手创办起来的燕大有钱，可他本人却没钱，他很少买衣服，袜子和内衣上都是补丁，何况当驻华大使期间。

    D 大家都沉默了，用征询的目光看着他，意思是说，你否决了我们的建议，那就说说你的锦囊妙计吧。的确，大家对他的才能一点儿也不怀疑。

第二部分

第 21-23 题：选词填空。

21. 在社会生活中，青年一代在任何_____，甚至无时无刻都不可能_____与成人一代之间的联系，也不可能不在教育方面受到其哪怕是_____的影响。

  A 处境 分离 狭隘   B 阶段 脱离 无意
  C 之际 离开 偏见   D 进程 阻挠 榜样

22. 处理问题必须_____，不仅要看到眼前的，还要看到_____的；不仅要看到局部的，还要看到全局的；不仅要了解本国_____，还要了解世界_____；不仅要看到世界发展对本国的影响，还要看到本国发展对世界的影响。

  A 左顾右盼 大众 文化 时势 B 高瞻远瞩 外界 要求 大局
  C 一往直前 后来 情形 所需 D 瞻前顾后 长远 国情 局势

23. 教育工作者对教育目的_____越深刻，对教育所要培养的人才的要求理解得越清楚、明确，就会在教育_____中选择和采取更为_____的措施，我们的教育工作就能取得更好的效果。否则，教育工作就会_____方向，遭受挫折，甚至失败。

  A 看法 改革 理智 丧失 B 认识 实践 恰当 迷失
  C 了解 流程 体面 弄错 D 剖析 实验 健全 失去

第三部分

第 24-28 题：选句填空。

幽默能给人带来欢乐，有助于消除敌意，缓解摩擦，（24）_____，还有人认为幽默还能激励士气，提高生产效率。

有研究人员通过测验证明，沉闷乏味的人和具有幽默感的人在以下几个方面存在差异，（25）_____。

一、多次心理测验证实，幽默感测试成绩较高的人，往往智商测验成绩也较高，（26）_____，有的甚至明显缺乏应变能力。

二、人际关系方面，具有幽默感的人日常生活中都有比较好的人缘，他可在短期内缩短人际交往的距离，赢得对方的好感和信赖。而缺乏幽默感的人则相反。

三、在工作中善于运用幽默技巧的人，总能保持良好的心态。那些在工作中取得成就的人，（27）_____，而是善于理解他人并具有幽默感的人。

四、幽默能使人在困难面前表现得更为乐观、豁达。所以，（28）_____，利用幽默消除工作上带来的紧张和焦虑；而缺乏幽默感的人，只能默默承受痛苦，甚至难以解脱，这无疑增加了自己的心理负担。

A 并非都是最勤奋的人

B 拥有幽默感的人即使面对困难也会轻松自如

C 而缺少幽默感的人大多测试成绩平平

D 而这些差异正是幽默感的心理调节功能和作用所在

E 防止矛盾升级

第四部分

第29-36题：请选出正确答案。

29-32.

在生活越来越紧张、竞争越来越激烈的今天，我们经常会感到无奈。消沉下去吗？不必。要学会在竞争中激发你的热情，每个人都有创造奇迹的机会。

热情是一种精神特质，代表一种积极的精神力量。热情可以弥补一个人20%的能力缺陷；缺乏热情的人，只能发挥出自身能力的50%。

虽然每个人表达热情的方式和程度有所不同，但热情是人人具有的，善加利用，就可以将其转化为巨大的能量。我们不妨在心里建个"热情加油站"，不断地自我激励、自我修复，这样就能使生活充满阳光。

建立"热情加油站"需要我们做到以下三点。首先，凡事早准备，不要总是跟在别人后面，处于追赶别人的状态。俗话说得好："早起的鸟儿有虫吃"，早些出发，才能看到更纯粹的风景，让内心愉悦。

其次，告诉自己，对现在的生活挺满意。只要自己认为生活是值得热爱的，就会主动珍惜。如果觉得找不到热情的理由，那么就强迫自己采取一些行动，比如置身于美景之中、享受美食，你会随处发现美好。

再次，不断调整自己，通过学习，提升适应环境的能力。培养自己的兴趣和爱好，丰富自己的生活。保持阳光的心态，会令你更加有朝气。

29. 面对今天紧张的生活，应该采取的做法是：
    A 无须消沉   B 全力竞争
    C 珍惜机会   D 逃避现实

30. 关于热情，下列哪项正确？
    A 热情来自于个人的能力   B 有上进心的人才有热情
    C 缺乏热情可用能力弥补   D 热情会影响能力的发挥

31. 为什么要建立"热情加油站"？
    A 为了修复情感   B 为了积蓄能量
    C 为了生活得更好   D 为了学会表达热情

32. 建立"热情加油站"，需要做到：
    A 凡事都不争抢   B 保持良好心态
    C 时常变换环境   D 学习各种技能

33-36.

"性格决定命运"是著名心理学家和分析心理学创始人荣格的一句名言，于是后人开始研究性格，发现它确实会影响我们的兴趣爱好、职业选择、交友类型，甚至还会决定人的健康状况，进而影响寿命。

有人可能会说，如果说性格影响兴趣爱好、职业选择等，尚可理解，要是说性格影响寿命，是不是有些言过其实？当然不是，须知，事物都有两面性，性格也是如此。以乐观为例，一方面乐观者是乐天派，情绪积极，凡事看得开，但另一方面，乐观的人往往会忽视身心存在的问题，因此会错误判断自己的身体状况，对疾病治疗不及时。因此有研究者认为，英年早逝的人中天性乐观的人比较多，也就不足为奇了。

再比如，敏感的人相对长寿，也是研究成果之一。众所周知，女性一般比男性敏感，女性一般比男性长寿，实际上，这二者之间是有联系的。因为女性善于表达自己的情绪，遇到问题会主动寻求帮助。如果男人具备一些女人的特质，有了问题就不会咬牙硬扛，身体不舒服时也会向医生求助，他们身体出问题的概率就会大大降低，他们的生活压力也会减小。

由此可见，性格不仅会影响我们的行为、命运，甚至还能决定健康，并非耸人听闻之说，在诸多长寿因素中，性格好是不可或缺的因素之一。也许我们无法改变性格，但我们可以了解自己，然后尽量规避性格的弱点。

33. 第2段画线词语"言过其实"的意思是：
  A 话语诚恳，可信度高   B 思想过时，语言保守
  C 表达含糊，意思不明   D 说话夸大，不合实际

34. 乐观的人：
  A 什么事都会放在心里   B 对未来总是心存幻想
  C 易忽略健康中的问题   D 患病后立即积极治疗

35. 关于女性和男性，可以知道：
  A 女性因长寿而敏感   B 男性有事喜欢硬撑
  C 女性善于自己解决问题 D 男性更珍惜自己的尊严

36. 根据上文，下列哪项正确？
  A 人长寿的原因都是相同的 B 英年早逝的人性格都不好
  C 人应该克服性格中的弱点 D 改掉坏性格，人就能健康

三、书写

第 37 题：缩写。

（1）仔细阅读下面这篇文章，时间为 10 分钟，阅读时不能抄写、记录。
（2）10 分钟后，收起阅读材料，请你将这篇文章缩写成一篇短文，时间为 35 分钟。
（3）标题自拟。只需复述文章内容，不需加入自己的观点。
（4）字数为 400 左右。

　　有个男孩脾气很坏。父亲给了他一袋钉子，告诉他，当他想发脾气的时候，就钉一根钉子在后院的围墙上。第一天，男孩钉下了 40 根钉子；一段时间以后，男孩每天钉下的钉子减少了，他觉得控制脾气和钉下那些钉子相比，还是应该选择努力控制情绪；不久，他完全可以控制自己，不乱发脾气了。终于，父亲告诉他，从今天开始，每当他能控制自己情绪的时候，就拔出一根钉子。日子一天天过去，最后男孩告诉父亲，他把所有的钉子都拔出来了。父亲牵着他的手来到后院，对他说："孩子，看看围墙上那些坑坑洞洞，围墙永远不可能恢复到从前的样子了。你生气时所说的话就像这些钉子一样，留下了无法弥补的疤痕！"男孩终于懂得了管理情绪的重要性。
　　我们的情绪常常变化，有时欢乐，有时烦恼，有时气愤，有时担心，有时失望，有时心静如水。也许你根本没注意自己的情绪：你看到灿烂的阳光便心生愉悦；看到天气阴沉、细雨绵绵便情绪低落；谈恋爱的你会心花怒放，失恋的你可能垂头丧气。
　　我们拥有各种各样的情绪。情绪使我们的生活富于变化与色彩。然而，有情绪到底好不好呢？人应不应该流露情绪呢？你会不会怕被人说太情绪化，而宁愿不要有情绪？其实真正的问题并不在有没有情绪，有没有情绪也不是我们能够全部掌控的，真正的问题在情绪的表达方式，如果能以适当的方式、在适当的情境中表达适度的情绪，就是健康的情绪管理之道。
　　也许是为了面子或在某种场合，我们会不自觉地在他人面前隐藏真实的情绪，或者我们会将强烈的情绪转换为较为温和的表现方式，这是值得鼓励的，也是符合社会规范、十足社会化的行为表现。学会控制自己，做出于人、于己都恰当的决定与行为反应，这是理智的情绪管理。如果我们能够明白自己的行为都是自己选择的结果，进而明白每个人都要为自己的情绪负责任，不必要的情绪问题便可以减少。
　　人的自控能力跟人生成功与否有着密切的联系，人与人之间的智商并没有明显的差别。有人成功，有人失败，与各自的自控能力有着密切的关系。从某种意义上讲，人们常常能够通过控制自己情绪来提高生活品质，因此情绪管理是人生不可小视的问题。

古今博览 9

33 怀念慢生活

一、听 力

第一部分　33-1

第1-5题：请选出与所听内容一致的一项。

1. A 小学生的注意力不能持久
   B 没有经验的老师上不好课
   C 课有吸引力学生就会认真听
   D 学生违反纪律是应该原谅的

2. A 考古工作者的数量一直不足
   B 考古工作完毕，现场就破坏了
   C 考古工作者都应该学习考古报告
   D 考古报告能反映当时的考古发掘情况

3. A 化学工业正在进行一场革命
   B 人们怀疑无害化学品的真实性
   C 传统化学工业的生存受到了挑战
   D 降低化学污染的号召得到了响应

4. A 春节是一年的最后一天
   B "春节"古时称为"新正"
   C 汉武帝规定春节为法定节日
   D 从一开始春节就有很多习俗

5. A 小篆曾经风行六国
   B 相传李斯创造了小篆
   C 小篆可以写成方的或圆的
   D 就书写简便而言，大篆更优

第二部分 33-2

第6-10题：请选出正确答案。

6. A 自己留学的经历
   B 编辑朋友的建议
   C 外国朋友的问题
   D 女儿学校的要求

7. A 被华人夫妇的女儿征服了
   B 认为小留学生也面临挑战
   C 认为中国家长有时很幼稚
   D 庆幸自己认识一位好作者

8. A 非虚构文学在中国是空白
   B 2000年非虚构文学才出现
   C 在美国非虚构作品很畅销
   D 她接受了非虚构刊物的约稿

9. A 读者喜欢什么她就写什么
   B 进入本周畅销书排行前十
   C 写的是美国高中校园生活
   D 媒体评价其内容很有说服力

10. A 她的书都写自己的亲身经历
    B 她的非虚构小说信息量很大
    C 她的作品内容丰富体裁齐全
    D 她是一位正义感极强的作家

第三部分

第11–17题：请选出正确答案。

11. A 努力工作
    B 全家团聚
    C 举行仪式
    D 外出旅行

12. A 为了漂亮
    B 以示重视
    C 因为有钱
    D 因为高兴

13. A 以前的喧哗不见了
    B 新鲜的东西都没有了
    C 现在天天都穿新衣服
    D 平时生活水平提高了

14. A "慢生活"讲究事必躬亲
    B "慢生活"讲究行为优雅
    C "慢生活"讲究品味和质量
    D "慢生活"讲究体味做事的过程

15. A 开始读书写作
    B 开始调整自己
    C 学着买菜做饭
    D 在街上东张西望

16. A 不要去管别人想什么
    B 不要惧怕外界的压力
    C 按自己的想法享受美好
    D 慢与不慢都能活得精彩

17. A 慢生活是大势所趋
    B 慢点开车才能欣赏到风景
    C 想提高工作效率要先慢下来
    D 慢下来可以感受到不一样的生活

二、阅 读

第一部分

第 18-20 题：请选出有语病的一项。

18. A 由于这些电动机都以电池作为电源，所以未能广泛普及。

    B 我承认，你年轻，身体比我棒极了，可你也不能这么不注意呀！

    C 团结友爱、助人为乐、无私奉献，这些都是中华民族的传统美德。

    D 人们散落在沙滩上，吃的吃，玩儿的玩儿，晒太阳的晒太阳，悠闲极了。

19. A 成都平原是我国西南地区最大的平原。

    B 每逢佳节，这里常举行游园联欢，人们载歌载舞，喜气洋洋。

    C 随着现代文明的发展和进步，人们对于生活节奏是更加没有规律了。

    D 民间传说及古代作者常将元宵节的起源上溯至汉代，这不是没有道理的。

20. A 老人有一个儿子、两个女儿。每逢年节和老人的生日，几代人便欢聚一堂，尽享天伦之乐。

    B 他规定所有员工统一着装。因为统一的服装可以使员工表现为非同一般的庄重和一丝不苟的修养，给客户留下好印象。

    C 春天，他们种植松树；夏天，他们播种和照料野花；秋天，他们观察冬眠前各种动物的奇异骚动；冬天，他们给鸟喂食。

    D 科学史是自然科学与人文科学之间的桥梁，它能够帮助人们获得自然科学的整体形象、人性的形象，从而全面地理解科学、理解科学与人文的关系。

第二部分

第 21-23 题：选词填空。

21. 贾府不计成本办秦可卿葬礼和元妃省亲，只求_____辉煌。结果事情是办得_____ __了，但资源浪费了，贾府的_____也就此开始了。

    A 偶尔　　顺利　　没落　　　　　B 一度　　漂亮　　凋零
    C 暂时　　得意　　堕落　　　　　D 一时　　风光　　衰落

22. 很多女人，特别是知性女人，常常认为女人的美是内在美和外在美的_____。其实，在她们潜意识中更_____的是内在美，往往_____外在美，甚至对外在美有些_____。

    A 结合　　在意　　忽略　　不屑一顾　　B 总和　　留心　　疏忽　　无拘无束
    C 夹杂　　挂念　　漠视　　无动于衷　　D 统一　　相信　　马虎　　不以为然

23. 第一天开上四个轮子上路，小李手忙脚乱，_____至极，他能感觉到，路上的高手们嫌他车开得慢，_____一般地超过他的车，有的还回过头来看上两眼，_____中净是烦躁和埋怨，车子也是憋足了劲儿_____而过。

    A 威风　　发狂　　表情　　擦肩　　　B 狼狈　　示威　　眼神　　呼啸
    C 惊恐　　抗议　　回顾　　轰鸣　　　D 拘束　　撒欢　　仓促　　一闪

第三部分

第 24-28 题：选句填空。

一个人的成长，没有不经历坎坷的。只有历经挫折、苦涩与喜悦，才称得上是健康的成长。我一直在努力，希望自己做得更好，不辜负父母对我的期望，(24)_____，唯有父母为子女的付出是无私且不求回报的。

不记得有多少回，父母发现我走了歪路，好心来管教，(25)_____，觉得父母多余，不喜欢他们管我，直到吃了苦头才后悔不已。那会儿的我，和很多孩子一样，(26)_____，把父母的扶助当作天经地义，相反，对父母的教诲却是满肚子的不愿意，甚至充满敌意。

其实父母把我们带到这个世界上，(27)_____，让我们健康、快乐地成长，让我们掌握了知识，他们就尽到了责任。人生道路的选择是我们自己的事情，父母没有保证我们一辈子活得无忧无虑的义务。

告诫各位朋友，懂事之后，不要随意伤害父母，多考虑一下他们的感受和意见，他们是为我们好，怕我们在成长之路上陷入误区，怕我们陷入不必要的痛苦。在我们成人之后，(28)_____，做个有良心的人。

A 我却习惯性地反抗

B 因为普天之下

C 把我们拉扯大

D 要感念他们的养育之恩

E 把父母的付出当作理所当然

第四部分

第29-36题：请选出正确答案。

29-32.

富兰克林的名言"时间就是生命，时间就是金钱"，作为大工业时代的座右铭，曾影响了整个世界，激励了无数人化身为社会机器的一个齿轮，越来越多的人沦为时间的奴隶。"慢的乐趣怎么失传了呢？"作家米兰·昆德拉在《慢》一书中发出这样的感慨。

如今，一场新的提倡"慢"的革命正在悄然兴起。这场革命是由无数厌倦了忙碌日子的人们发起的，他们希望可以用更多的时间来欣赏生活的乐趣。

对于"慢生活"，记者对10位不同行业的白领做了一次小型调查，无一例外，大家都渴望拥有慢生活的生活状态，但八成人认为"慢生活"只是美好的向往。"国情不允许"是白领们最为集中的观点。他们觉得中国用20年经历了欧美200年发生的事情，现在西欧的生活不快，因为他们的社会发展正处在较为稳定的阶段，而我国尚没有这样的经济基础和条件，还需要我们艰苦奋斗。另一方面，生活压力大也是白领们认为慢生活仅是向往的原因之一。

媒体工作者薇薇是快工作、慢生活的有效实践者。虽然做媒体工作仿佛每天都在与时间赛跑，可她依然是贤惠的好媳妇、双胞胎的好母亲、公婆的好儿媳，她依然能超然地活得轻松而自在。上班时，她认真、高效地完成本职工作，下班后和孩子看漫画，和老人聊天，业余读读钟爱的古诗词，练练书法，周末全家人一起去爬山、会朋友、泛舟湖泊、纵情于山水之间。不管别人多忙碌，她依然可以保有内心的平静、淡定和从容。她做不了贵族，但她一定要做生活的主人。

29. 失去慢的乐趣，源于：
   A 社会的飞速发展　　　　　　B 富兰克林的影响
   C 人类深感时间宝贵　　　　　D《慢》这本书的影响

30. 如今的状况是：
   A 记者的调查惊动了社会　　　B 欣赏生活是一个世界潮流
   C 多数白领希望生活重回慢节奏　D 多数人认为慢生活没什么好的

31. 八成人认为慢生活难以实现的理由是：
   A 中国国情决定的　　　　　　B 这些人还不够富有
   C 中国经济发展不够稳定　　　D 中国赶上欧美需要200年

32. 关于薇薇，下列哪项正确：
   A 她业余爱好跑步　　　　　　B 她喜欢游山玩水
   C 她还是个书法家　　　　　　D 她向往贵族生活

33-36.

　　三十年以后，乡村将是未来中国人的奢侈品。那时的乡村正如今天的城市让人们向往，那时的乡村将是鸟语花香的好地方。

　　中国有句老话：三十年河东，三十年河西。1949年新中国成立，前半部历史是城市化，后半部历史将是乡村化。

　　如今中国的乡村很多已经变成空心村，年轻人外出上学、务工，人人憧憬着城市生活，这就是今天的城市化。往后，再成为乡村土地主人的不再是曾经走出去的农民，而是从城市奔向农村的大学生和工人。"农民"这个名词将逐步被人们淡忘。城市化在不到20年时间内，会促成乡村更多的耕地转化，空心村将会转移，因为都市人住进了乡村，城市核心区将会成为"空心城"。那时，种田是一种最好的生活方式。三五万人的小城镇将是人们最向往的地方。那时的市长很牛，村长更牛。那时，村依然在，可能已改为庄园或农场，农业机械化程度达到90%。

　　以自然为本，与自然相融将会成为未来人的集体追求。"食"在田园乡村会成为人们的首选，新鲜的空气、自然的田园、刚刚从树上摘下来的水果、刚刚从菜园采回来的蔬菜，这一切都会成为享受。若干年后，人们开始从内心关注土壤，开始把土壤、树木视为自己的孩子，看成有生命的物质。那时的"住"，追求的不仅是宽敞和室内的舒适度，还关注室内外的环境，环境将成为居住的重要条件。

33. 今天中国乡村的状况是：
　　A 年轻人都很忙　　　　　　B 人口流向城市
　　C 老房子都坏了　　　　　　D 环境污染严重

34. 第2段画线词语"三十年河东，三十年河西"的意思最可能是：
　　A 指人事变化无常　　　　　B 指不必被往事所困
　　C 指人的习俗好恶变迁　　　D 指每三十年中定会发洪水

35. 根据上文，往后乡村会是什么样子？
　　A 那时的村长兼职养牛　　　B 都市人都会住进乡村社区
　　C 走出去的农民争相重回土地　D 村子可能已改为庄园或农场

36. "以自然为本，与自然相融"指的是：
　　A 大自然应进入学生的书本　　B 人们的居住环境不再闭塞
　　C 大家追求人与自然环境的融合　D 人们像爱护孩子一样爱护树木

34 为文物而生的人

一、听 力

第一部分 34-1

第1-5题：请选出与所听内容一致的一项。

1. A 旅游是中国的支柱产业
   B 中国有很多人造风景区
   C 不漂亮的地方鲜有人去
   D 说话人不看好微缩景观

2. A 很多人在拍戏前受了重伤
   B 他舍不得花钱搭建影视城
   C 戏中的战争场面极其宏大
   D 影片中的群众演员很出色

3. A 所谓销售就是有偿转让
   B 转让无形资产是有条件的
   C 单位不动产不可随意赠送
   D 无偿赠予和销售无本质区别

4. A 不同气质的人可以互相影响
   B 各种气质的人混搭方便互相学习
   C 企业用人时应考虑不同气质的混搭
   D 不同气质的人混搭的消极影响极大

5. A 他常在外面吃饭
   B 他是个画画儿的
   C 他历来花钱要算计
   D 做公益不如画画儿

第二部分 34-2

第 6–10 题：请选出正确答案。

6. A 和说话人关系都很好
   B 其文学素养有高有低
   C 并不真心愿意搞写作
   D 很多人改行搞收藏了

7. A 搞文物的人喜欢雪茄
   B 文物界的人眼界不宽
   C 和文学的评价标准一致
   D 文物涉及的领域比较广

8. A 他是个做事死板的人
   B 他著有关于收藏的著作
   C 他很喜欢《百家讲坛》
   D 他一直在寻找表达机会

9. A 他认为自己是个幸运儿
   B 他是个具有公益心的人
   C 他喜欢学者，不喜欢商人
   D 他认为这个时代学者众多

10. A 收藏能够让人眼界开阔
    B 王国维、陈寅恪很有威望
    C 男的的主要收入来源是写作
    D 男的认可的身份是学者和商人

第三部分 34-3

第 11-17 题：请选出正确答案。

11. A 他的家乡是湖南
    B 他是个成功的商人
    C 他是自学成才的木工
    D 他从事美术教育工作

12. A 夜里总是睡不好觉
    B 院里种了许多花草
    C 心中充满思乡之情
    D 学会了写诗、刻印章

13. A 专门为孩子创作
    B 充满了童真童趣
    C 内容深受城市人的喜爱
    D 借鉴了民间艺术的手法

14. A 是祖父收购来的
    B 看起来平平常常
    C 买时价格很便宜
    D 如今已经是孤品

15. A 他是一名中医
    B 玉器是他的最爱
    C 小时候就居住在新疆
    D 把祖传玉器都处理了

16. A 当地居民大多收藏玉器
    B 和田玉的价格历来很贵
    C 当地居民都能接触玉器
    D 当地居民对玉都很在行

17. A 祖上就有收藏的传统
    B 感受到收藏能赚大钱
    C 天天看笔筒就喜欢上玉了
    D 他领略到了玉的内在之美

二、阅 读

第一部分

第 18-20 题：请选出有语病的一项。

18. **A** 一个人的成长，是需要经过无数坎坷的道路。

B 刘邦死后，皇后吕雉成了汉朝事实上的女皇帝。

C 我老家的天气是温和的，严冬时，水面也只结一层薄冰。

D 经过新闻媒体的跟踪报道，这一事件立刻成为街谈巷议的热门话题。

19. **A** 他做了大官，家里的生活照样十分朴素，跟普通百姓一样。

B 一时间，去新兴镇参观取经看热闹瞧新鲜的人滔滔似水，络绎不绝。

C 中国农村正在变成空心村，外出上学、务工，年轻人都流向了城市。

D 我到财务室交了钱，拿了取书单，财务室的同志告诉我要到书库去取书。

20. **A** 段文杰临摹功力如此深厚，来源于他献身敦煌艺术的诚心和对后人负责的决心以及艺术上精益求精的恒心。

B 尽管应试教育弊端多多，但它目前相对来说确实是最为公正的选拔办法，到目前为止，人们无法找出比应试教育更好的选拔人才的方式。

C 语言对于社会全体成员来说是统一的，共同的，不论王公贵族、学术泰斗，还是贩夫走卒、农妇渔夫，都得遵守社会的语言习惯，谁都不能垄断。

D 火一样的太阳先是烧红了西部的整片天空，然后又放射出金色光芒，而蓝天和白云也没有忘记前来取暖，这样就逐渐形成了五彩缤纷、变化多端的晚霞。

第二部分

第 21-23 题：选词填空。

21. 晏殊 14 岁时被作为神童＿＿＿＿＿给皇帝。皇帝要考考他，让他和一千多名最有学问的人一同参加考试。结果晏殊发现考题是自己练习过的，就＿＿＿＿＿告诉了皇帝，并请求＿＿＿＿＿题目。皇帝因此十分感动。

  A 推荐   如实   更改   B 介绍   公然   改变
  C 推选   趁早   变化   D 保举   当众   改正

22. ＿＿＿＿＿人们只把这种以口述历史为基本特征的研究，作为一般记者的采访来＿＿＿＿＿，很少谈及它的学术价值和方法意义。近年，在中国现当代文学研究中，最有新意的就是＿＿＿＿＿口述方法的＿＿＿＿＿。

  A 往年   接纳   选择   著述   B 平素   接受   选取   创作
  C 平昔   看待   动用   大作   D 以往   对待   采用   作品

23. 说起垃圾分类回收，＿＿＿＿＿一个家庭并没有从中获得＿＿＿＿＿的收益，但其社会效益却是＿＿＿＿＿的，一是使有限的地球资源重复使用，以＿＿＿＿＿子孙后代的生存需要，二是减少垃圾量，减轻对环境的污染。

  A 或者   多少   庞大   解决   B 或许   可观   巨大   满足
  C 分明   分毫   宏伟   适应   D 绝对   半点   重大   配合

第三部分

第 24-28 题：选句填空。

从前有个人叫淳于棼，他家院中有一棵大槐树，盛夏时节人们都喜欢在树下乘凉。

淳于棼生日那天，亲友都来祝寿，（24）_____，之后就在槐树下沉沉睡去。

梦中，他到了大槐安国，正赶上京城会试。他报名进了考场，考得很争气，居然得了第一名。皇帝看他学问好，相貌也好，就把公主嫁给了他。

婚后，夫妻生活十分美满。淳于棼被皇帝任命为太守，（25）_____。因他管理有方，属下不敢胡作非为，百姓十分拥护他。皇帝欣赏他的政绩，表彰了他，并给了他很多奖励和荣誉。

这一年，敌兵入侵，大槐安国的将军被敌兵打得溃不成军。皇帝急忙召集群臣商议对策。（26）_____，束手无策。这时，有人向皇帝推荐淳于棼。皇帝立即下令，让淳于棼率全国精锐与敌军决战。

（27）_____，与敌兵刚一接触，就败下阵来。皇帝大怒，撤了淳于棼的职务。淳于棼气得大叫一声，从梦中惊醒，但见月亮挂在树梢上，自己还在大槐树下。

此后汉语就有了成语"南柯一梦"，（28）_____。

A 一干就是 20 年

B 用来形容梦境或不可能实现的空想

C 大臣们你看我，我看你

D 可怜淳于棼对兵法一无所知

E 他一时高兴多喝了几杯

第四部分

第 29-36 题：请选出正确答案。

29-32.

古人发明文字之后，最早用来做书写材料的是甲骨，后来竹片、木片以及缣帛也被用来书写。但竹片的笨重可想而知，缣帛的昂贵不言而喻，于是便有了纸的发明。

中国西汉（前206年～公元25年）时期已开始了纸的制作，东汉（25年～220年）时期，造纸技术得以完善，魏晋南北朝（220年～589年）时期，造纸原料多样化，藤皮、稻草、麦秆纤维，甚至烂鱼网、破布在匠人的手下都能变成质地优良的好纸。需求也促进了造纸技术的提高，隋唐时期，著名的宣纸诞生。为了延长纸的寿命，晋时又发明了染纸技术，即从植物黄檗中熬取汁液，浸染纸张，染过的纸叫黄纸，又叫黄麻纸，有灭虫防蛀的功能。唐代人在染黄纸的基础上创造出了较为名贵的艺术加工纸——硬黄纸。五代制造的澄心堂纸，直到北宋，一直被公认为是最好的纸张。到了明清，又有了新的创意，作为文书用纸的笺纸被加工得精美绝伦。

中国出土最早的纸张是1933年在新疆发掘出的西汉古纸，年代不晚于公元前49年。1957年在陕西出土的古纸经过分析鉴定，为西汉麻纸，年代不晚于公元前118年。1986年在甘肃出土的西汉初年（约前179年～前141年）的纸质地图残片，表明了当时的纸已可供写绘之用。

29. 古人发明纸的原因是：
   A 骨头数量有限　　　　　　　B 竹片工艺烦琐
   C 丝织品要做衣服　　　　　　D 之前的材料都有缺憾

30. 关于古代造纸技术，下列哪项正确？
   A 东汉水平最高　　　　　　　B 讲究化腐朽为神奇
   C 努力适应市场需求　　　　　D 专门在细节上下功夫

31. 在漫长的历史中：
   A 虫子一直对纸形成威胁　　　B 宣纸在纸张中十分有名
   C 明清造纸技术达到了顶峰　　D 工匠们一直追求的就是精美

32. 根据纸张的出土情况可以知道：
   A 西汉是纸张用量最大的时期　B 西汉时期是纸张泛滥的年代
   C 西汉生产的纸张已可绘制地图　D 1933年出土的纸是最早生产的纸

33-36.

齐家文化古玉收藏家岳先生曾是个搞技术工作的军人。几十年的军旅生涯使他的足迹遍及祖国西北大漠戈壁，江南水乡，他亦曾多次远洋航行，颠簸于大风大浪之中。艰苦的生活磨炼了他的意志，严谨精细的技术工作又养成了他追根求底的性格特质。这对于他后来鉴定齐家文化古玉，破解其中蕴含的历史信息，打下了牢固的基础。

齐家文化的玉器距今已有四五千年的历史，其中蕴含着丰富的文化信息，而岳先生偏偏对齐家文化古玉情有独钟。他发现，齐家玉器上一些细微特征所呈现的信息是多方位的。如立式玉人，手举斧头，腰际围一圈树叶遮蔽下身，斧头的头与柄由交叉绑系的绳索固定。这使得我们通常认知的史前先人腰围树叶的衣饰，以及斧、铲等工具与手柄捆绑系接的方法进一步在齐家古玉中得到佐证。

提起古玉收藏，岳先生常说自己幸运，沾了改革开放的光，那时普通人的经济状况没有条件收藏，民间收藏品市场<u>真品有的是</u>，无奈的是囊中羞涩。岳先生节俭得近乎吝啬，却在浩如烟海的旧器物中搜寻到了不少上了级别的藏品。

33. 岳先生认为自己收藏古玉的有利条件是：
  A 他爱学习，阅历丰富　　B 他走南闯北，有见识
  C 他精通考古挖掘技术　　D 他幸运地赶上了改革开放

34. 齐家玉器中的立式玉人：
  A 上衣是树叶　　B 上面标有朝代
  C 有被捆绑过的痕迹　　D 证实了人们对史前先人的一些认知

35. 根据上文，岳先生：
  A 喜欢旅游　　B 当过空军
  C 钟情于齐家玉器　　D 常为没钱而发愁

36. 最后一段画线词语"真品有的是"的意思是：
  A 是真品　　B 没有真品
  C 有些是真品　　D 真品特别多

35 走近木版年画

一、听力

第一部分 35-1

第1-5题：请选出与所听内容一致的一项。

1. A 螳螂的身体细长
   B 螳螂的头脑灵活
   C 螳螂喜欢东张西望
   D 螳螂骨子里很温柔

2. A 先生最为擅长编写历史故事
   B 先生的文章有许多绝妙之处
   C 先生文章中的人物都很神奇
   D 先生读起文章来总是神情感人

3. A 长安在黄河流域
   B 再冷井水也不会结冰
   C 黄河流域气候一直较温暖
   D 公元七、八世纪天气冷到极点

4. A 女人个个都懂得爱护皮肤
   B 女人从电影中学习美容方法
   C 精油都是从水果中提炼出来的
   D 精油出现前人们会用水果美容

5. A 语言中，基本词汇部分十分稳定
   B 语言中的词汇只能反映基本概念
   C 语言中构造新词的材料十分有限
   D 语言中不断出现构成新词的格式

第二部分 35-2

第 6-10 题：请选出正确答案。

6. A 为苏州的水而骄傲
   B 为苏州艺人多而骄傲
   C 为苏州是人间天堂而骄傲
   D 为苏州曾做过都城而骄傲

7. A 非物质文化遗产的文字记录丰富
   B 非物质文化遗产的研究已很深入
   C 越来越多的人在关注非物质文化遗产
   D 中国非物质文化遗产保护的现状堪忧

8. A 优先记忆性保护
   B 首先保护年代久远的
   C 尽力救活每一个项目
   D 根据具体情况区别对待

9. A 它看不见摸不着
   B 当下农民都在城里
   C 我们的生活方式改变了
   D 信息时代的吸引力太大

10. A 苏州的历史很悠久
    B 苏州自古至今人才济济
    C "口述"的方式在今天很时髦
    D 苏州非物质文化遗产保护迫在眉睫

第三部分 35-3

第 11-17 题：请选出正确答案。

11. A 让外行大吃一惊
    B 将魔术与戏曲相结合
    C 更生动地塑造人物形象
    D 给演员一个炫耀的机会

12. A 看起来眼花缭乱
    B 演员艺高人胆大
    C 借鉴了京剧脸谱之长
    D 有助于人物个性的表现

13. A 有使用太泛的倾向
    B 只有川剧掌握了变脸技艺
    C 变脸技艺在海外并不受欢迎
    D 有在世界范围内普及的态势

14. A 苹果象征恋爱
    B 苹果象征有毒的东西
    C 表示对图灵遭遇的同情
    D 为了纪念"计算机科学之父"

15. A 乔布斯喜欢
    B 吃苹果可减肥
    C 觉得画面有意思
    D 暗示牛顿的发现

16. A 它仅仅是一个苹果
    B 它还像一颗大樱桃
    C 它包含很深的学问
    D 各种说法都有道理

17. A 图灵彩色苹果画得不错
    B 世人对科学家都心存敬意
    C 人们看见苹果就会想到减肥
    D 苹果商标最盛行的说法无事实根据

二、阅 读

第一部分

第18-20题：请选出有语病的一项。

18. A 他们是故意捣乱，因为对教师的讲课不感兴趣。

    B 《引力理论与引力坍缩》被认为是宇宙论研究中里程碑式的著作。

    C 只要你来，只要你不要脾气，只要你什么都听我的，其他的咱们都好商量。

    D 会计以红字表示负数，因此，除上述情况外，不得用红色墨水儿登记账簿。

19. A 让咱们团结起来，再接再厉，去争取更大的胜利吧！

    B 回顾过去，我们豪情满怀；展望未来，我们任重道远。

    C 人们对居住的追求，不仅是室内的舒适度，而是更关注室外的环境。

    D 有人向他进言——为保持酒店的档次，应该谢绝那些衣着随便的人入内。

20. A 70岁后，他便在自家的屋前摆了个小摊，卖些酒饼和日常生活用品等，生活清心寡欲、无忧无虑。

    B 反观专制官僚统治形态，那些专制君主与官僚们的社会性格或其阶级关系，仿佛愈研究就愈不可捉摸。

    C 那个昏睡了一个年的植物人，在妈妈和爸爸的悉心照料下，在医生和护士的精心治疗下，竟然奇迹般地醒过来了。

    D 森林素有"绿色金子"之称，它可以把二氧化碳转换成氧气；它可以像抽水机一样把地下的水分散发到天空中；因此我们应该多多种树，保护环境。

第二部分

第 21-23 题：选词填空。

21. 克雷洛夫的寓言＿＿＿＿＿＿＿地反映了俄国18世纪末和19世纪初的民主主义进步思想。它不仅描写了当时的现实生活，而且对俄国统治阶级的蛮横专制、官吏的腐败无能、人民的＿＿＿＿＿＿＿以及俄罗斯人民最大的灾害——农奴制度，都给以＿＿＿＿＿＿＿地讽刺。

A 恰当	苦恼	莫大		**B** 直观	痛楚	浓厚	
C 深刻	疾苦	辛辣		**D** 科学	烦恼	严酷	

22. 调查报告要以大量的调查材料为基础，通过客观事物的真实＿＿＿＿＿＿＿来表达作者的主要＿＿＿＿＿＿＿，以引起比较广泛的社会＿＿＿＿＿＿＿。实事求是的客观性，较为鲜明的思想性，＿＿＿＿＿＿＿问题的普遍性，是调查报告的主要特色。

A 确切	任务	支持	把握	**B** 面目	倾向	影响	揭示
C 记录	寄托	震荡	联想	**D** 题材	心得	信念	确立

23. 泡沫经济指经济运行＿＿＿＿＿＿＿像泡沫一样，繁荣的表面＿＿＿＿＿＿＿难逃破灭的＿＿＿＿＿＿＿。泡沫经济往往伴随着商品价格的大起大落，但泡沫经济不是一般意义上的商品价格涨落，而是专指由过度投机而导致的商品价格＿＿＿＿＿＿＿偏离商品价值、先暴涨后骤跌的现象。

A 状态	终究	结局	严重	**B** 过程	未必	恶果	逐步
C 周期	迟早	后果	明显	**D** 态势	反正	下场	连年

第三部分

第 24-28 题：选句填空。

（24）_____："非物质文化遗产"指被各社区、群体，有时是个人，视为其文化遗产组成部分的各种社会实践、观念表述、表现形式、知识、技能以及相关的工具、实物、手工艺品和文化场所。这种非物质文化遗产世代相传，在各社区和群体适用周围环境以及与自然和历史的互动中，被不断地再创造，（25）_____，从而增强对文化多样性和人类创造力的尊重。

（26）_____："非物质文化遗产"是指各族人民世代相传并视为其文化遗产组成部分的各种传统文化表现形式，（27）_____。包括：（一）传统口头文学以及作为其载体的语言；（二）传统美术、书法、音乐、舞蹈、戏剧、曲艺和杂技；（三）传统技艺、医药和历法；（四）传统礼仪、节庆等民俗；（五）传统体育和游艺；（六）其他非物质文化遗产。属于非物质文化遗产组成部分的实物和场所，（28）_____，适用《中华人民共和国文物保护法》的有关规定。

A 根据联合国《保护非物质文化遗产公约》

B 根据《中华人民共和国非物质文化遗产法》规定

C 凡属文物的

D 为这些社区和群体提供认同感和持续感

E 以及与传统文化表现形式相关的实物和场所

第四部分

第 29-36 题：请选出正确答案。

29-32.

宋瓷追求器型简洁，色彩纯净，不张扬、做作，于纯净之中传递美感。"汝、官、哥、定、钧"五大名窑名扬天下，千百年来受文人士大夫的喜爱，为后世推崇。

汝瓷传世只区区几十件，见一面都很难；官窑器在市场上偶尔还得一见；哥窑器也是如此；钧窑器虽然常见，但现在学术界对钧窑的烧制年代存有争议；所以目前尚能从容细挑的，唯有定窑器。

我一直想收藏定窑瓷器，喜欢它素洁莹润，白中泛着象牙黄的自然之美，另外还有一点，我个人喜欢素饰的光素器，对花哨的东西不感兴趣，偏偏定窑还以刻工精美闻名。我只能挑挑拣拣，等待机会。

直到等得我都觉得无望了，机会终于来了，一对日本夫妇要拍卖他们的私人收藏。二人均为医生，年轻之时，勤于医事。二十多年前，开始收藏，持之至今。拍品中的"北宋定窑双鱼纹碗"，细工精刻，起刀流畅，自然灵动，简洁而不失妩媚。釉色偏白略泛牙黄，内外壁光洁。对这样的拍品，我能错过吗！

29. 宋代瓷器：
    A 全部出自五大名窑　　　　　　B 向来为医生所喜爱
    C 器型简单粗陋，不自然　　　　D 体现了文人的审美情趣

30. "汝、官、哥、定、钧"五大名窑中：
    A 汝瓷流传受地区限制　　　　　B 钧窑器都是新近烧制的
    C 官窑器、哥窑器数量很少　　　D 定窑器次品多，需认真挑选

31. "我"想收藏的定窑瓷器，应该是：
    A 釉色洁白　　　　　　　　　　B 花哨一些
    C 没有雕刻　　　　　　　　　　D 简洁自然

32. 根据最后一段，可以知道：
    A 医生又舍不得卖了　　　　　　B 拍品上雕刻有鱼纹
    C 藏家希望买家是医生　　　　　D "我"最终与此次拍品无缘

33-36.

唐卡是一种以宗教内容为主的卷轴画，既是赏心悦目的艺术品，又是修行者膜拜的对象，悬挂于家庭佛堂和寺院、庙宇的墙壁或柱梁上，它是匠人的劳动成果，也是艺术家的心灵表达，更是宗教信徒们的修行依托。

格桑次旦12岁便参加了大昭寺修复工作。瘦小的格桑很勤快，师傅们口渴了，就支使他去买甜茶，累了，就让他来捶捶背。格桑学得很认真，他先跟着老师傅学配色。会配色了，就开始学画画。老师傅给他选了个吉祥的日子，他拿着支毛笔，在一面壁画墙上勾了条线，仪式就完了，这意味着，格桑从那天起就可以画画了。别人午休，格桑从来不休息，干起活来更是干劲十足。大昭寺修复工程完工，格桑配色、装饰画都可以了，虽然没有专门去学画唐卡，但跟着看了三年多，对于制作唐卡的程序也了解得差不多了。

没有了修复寺庙的活，格桑进了建筑队，先当油漆工，又学木工，20岁时他已经打得一手好家具。藏式家具装饰画非常重要，格桑又能做木工，又会画画，一下子变得很吃香。

可是格桑还是希望能画唐卡，倒不是想发财，而是因为"画唐卡"在他心目中占据的位置是不可替代的。终于，他有幸做了藏族绘画大师丹巴绕旦的徒弟，并成了画唐卡的高手。再后来，他跟着丹巴老师进了西藏大学艺术系，登上了大学的讲台。如今，格桑有一个自己的工作室，很多人来订制唐卡，一年到头画不完。但格桑最上心的还是教书，他常说"我学画唐卡从来没觉得难，可教的时候觉得很难，我给学生上课非常累，因为有的孩子不用心，总是没有进步，有的时候看着他们的画我就会生气。"

33. 唐卡是：
 A 宗教画　　　　　　　　　　B 山水画
 C 人物画　　　　　　　　　　D 静物画

34. 格桑在大昭寺修复工作中：
 A 懂得了做事要勤快　　　　　B 帮别人选吉祥日子
 C 边工作边跟老师学习　　　　D 学会了配色、画装饰画

35. 大昭寺修复工程完工以后，格桑：
 A 进了装修队　　　　　　　　B 学会了木工
 C 开了个家具店　　　　　　　D 吃什么都不香

36. 在格桑心中，觉得最难的是：
 A 教学工作　　　　　　　　　B 跟老师学艺
 C 工作室的活儿　　　　　　　D 如期完成唐卡订单

36 中国古代书院

一、听 力

第一部分 36-1

第1-5题：请选出与所听内容一致的一项。

1. A 文天祥身体不好
   B 文天祥崇拜英雄
   C 《正气歌》流传久远
   D 文天祥生活的地方气候恶劣

2. A 博客和论坛没有区别
   B 博客只给小圈子的人看
   C 博客是用户自己的小天地
   D 博客之后，论坛也随之兴起

3. A 行人横穿公路被撞，司机没有责任
   B 司机在封闭的高速公路上驾车是受保护的
   C 司机撞人至死都要承担过失犯罪的刑事责任
   D 司机相信行人不会横穿封闭高速公路的想法合理

4. A 李敖是一位律师
   B 李敖的心中也有偶像
   C 李敖是一位公认的奇人
   D 李敖一生都在努力创纪录

5. A 她平常不在学校就在超市
   B 她打工也并没有耽误学业
   C 她在超市也会抽时间看书
   D 她感到一天24小时不够用

第二部分 36-2

第6-10题：请选出正确答案。

6. A 从小对书就有感情
   B 家里开了连环画摊
   C 小时候买书很便宜
   D 上学时在书店打工

7. A 遇到了开书摊的老乡
   B 在老乡的启发下开了书摊
   C 老乡给他介绍了书店的工作
   D 收废品时发现旧书可以敞开收

8. A 书的进价很贵
   B 书店制度完备
   C 销售人员态度好
   D 全部经营二手书

9. A 深圳是个厚重的城市
   B 深圳的历史不够久远
   C 深圳能激发读书的激情
   D 深圳的二手书货源不多

10. A 男的很受读者的爱戴
    B 男的打工时收过废品
    C 男的卖的书价格便宜
    D 男的专卖古旧连环画

第三部分 36-3

第 11-17 题：请选出正确答案。

11. A 学校不再有围墙
    B 学校可容纳更多学生
    C 学校可以随时招收学生
    D 学生想学习随时就能学习

12. A 教学方法将更加规范化
    B 教学目的是重建学生的童年
    C 儿童和成年人可以一起学习
    D 现在对儿童的认识或许会被颠覆

13. A 计算机课会更受重视
    B 彻底抛弃实体课堂教学
    C 完全利用互联网治理学校
    D 技术方面的变化会是最大的

14. A 没有任何限制
    B 不需要任何标准
    C 人的想象力较差
    D 不像古人那么保守

15. A 休闲装有休闲装的颜色
    B "衣"与"裳"是同义的
    C "衣""裳"颜色有讲究
    D 人们不太遵守当时的礼节

16. A 给黑色做广告
    B 喜欢黑色建筑
    C 是第一个选定黄色的皇帝
    D 禁止百姓使用黑色、黄色

17. A 唐朝第一位皇帝是李渊
    B 唐朝百姓的房子黄色居多
    C 唐朝允许官员穿黄色衣服
    D 唐朝一开始就只有皇帝能用黄色

二、阅 读

第一部分

第 18-20 题：请选出有语病的一项。

18. A 他的行为遭到众人的唾弃。

    B 无论我题没做完，但是我做完的全对，我还是全班第一名。

    C 卑鄙小人总是忘恩负义的，忘恩负义原本就是卑鄙的一部分。

    D 原以为这仅仅是一段异国就职经历，不料却陷入了一场海外生存的较量之中。

19. A 如今，家长不能再以门当户对为由粗暴地干涉儿女的婚姻自由。

    B 受过高等教育的他，常混迹于不三不四的人之中，真是自甘堕落！

    C 这些彩绘玉器既有商周图案，汉唐纹饰，体现了华夏民族的艺术风格。

    D 那位同学演奏小提琴所达到的完美境界，是很多艺术家都不能达到的。

20. A 谁能知道，隐藏在战火纷飞的前线和厚颜无耻的面具后面的敌人，究竟脆弱到什么程度？

    B 每次开始攀登珠峰之前，都要举行一项仪式，在仪式中夏尔巴人会表达他们对山神的崇敬之情。

    C 时间如风，轻柔地驶过不留一丝痕迹；时间如光，明媚地照下，却无处追寻；时间如水，永无终止地流淌，不分昼夜。

    D NHS 去年发表在官网上的忠告称，"越来越多的证据"把久坐与肥胖、2 型糖尿病、某些种类的癌症以及早逝关联起来。

第二部分

第 21-23 题：选词填空。

21. 她_____出现，便叫人难以忘怀。她似乎比一般女人更懂得理性思维，而且更聪明_____，遇事不张扬，_____刚柔相济，有着知性的魅力。

    A 刚刚   可爱   且   B 突然   崇高   还
    C 按时   完美   并   D 当众   美丽   故

22. 墨家的创始人墨子，在春秋战国时期处于显学的_____。墨子_____强烈的救世匡时的_____，从实用主义的立场出发，考虑社会问题，提出一系列政治和伦理_____。

    A 位置   立足   心愿   主意   B 身份   倡议   理想   观点
    C 地位   本着   愿望   主张   D 职位   发扬   志向   看法

23. 随着全球科技、经济的_____发展，在物质财富极大提高的同时，人们的生活质量与精神追求却_____落后，负面心理_____，而传统心理学许多理论_____只把人当作动物或机器，而忽略了人内在的潜力和主动性。

    A 火速   往往   司空见惯   大概   B 健康   显然   不足为奇   恐怕
    C 全面   分外   比比皆是   一概   D 迅速   相对   层出不穷   似乎

第三部分

第 24-28 题：选句填空。

西方学校的第一次变革始于 17 世纪。这时，欧洲正处于从封建制度向资本主义过渡时期。随着手工业生产的发展和生产技术的革新，（24）_____，近代自然科学体系开始形成，各种新的思想和方法不断涌现。17 世纪 40 年代，英国爆发了资产阶级革命，（25）_____，宣告了欧洲新社会政治制度的诞生。与此同时，关心生产力提高的新兴资产阶级也需要科学的帮助，促进自然科学的发展。因此，17 世纪欧洲的时代精神、社会生产力的发展以及平民群众对文化教育的普及需求，（26）_____。

但是，无论在学校管理制度上，（27）_____，当时欧洲的学校都无法满足时代和社会的需要。学校不是为整个社会设立的，而是为富人设立的；学校的教学不是有序的，而是混乱的。本来应当清晰的和条理分明的讲授却被混乱的和复杂的讲授所取代，（28）_____，而且体罚、殴打学生的现象也十分普遍，所有这些，都成为教育变革的催化剂。

A 近代自然科学知识得到了更为迅速的发展

B 使学生好像是走入了知识迷宫

C 都使得已具有几千年历史的西方学校面临着变革

D 揭开了欧洲资产阶级革命的序幕

E 还是在学校课程内容和教学方法上

第四部分

第29-36题：请选出正确答案。

29-32.

家庭教育一般指家庭中父母及其他成年人对未成年孩子进行教育的过程。其教育目标是：在孩子进入社会接受集体教育之前保证孩子身心健康地发展，为理解幼儿园、学校的教育打好基础。家庭教育具有以下两大特点：

第一是家庭教育的早期性。家庭是人出生后接受教育的第一个场所；家长是儿童的第一任教师，因此家长对儿童进行的教育具有早期性。一般来说，孩子1～3岁为幼儿时期，3～6岁为学龄前期，也就是人们常说的早期教育阶段，这是人身心发展的重要时期，人的许多基本潜质是这个年龄阶段构成的，如语言表达、性格形成等。有心理学家认为，一个人的智力发展，如果把17岁到达的水平算作100%，那么4岁时就到达了50%，4～8岁又增加了30%，8～17岁又获得了20%。可见幼儿在5岁之前是智力发展最迅速的时期，家长能否在这个时期给孩子良好的家庭教育，将是孩子早期智力发展的关键。

第二是家庭教育的连续性。孩子从小到大，几乎2/3的时间生活在家庭之中，朝朝暮暮，都在理解着家长的教育。这种教育是在有意和无意、计划和无计划、自觉和不自觉之中进行的。家长的生活习惯、道德品行、谈吐举止等在不停地给孩子以影响和示范，其潜移默化的作用相当大。这种教育往往反映为一个家庭的家风，家风的好坏往往要延续几代人，甚至十几代人、几十代人。

基于以上两点，使家庭教育成为教育人的起点与基点，具有其他教育所<u>不及</u>的优势。

29. 家庭教育指：
    A 成年人教育未成年人   B 父母等教育未成年子女
    C 孩子上学之前的教育   D 对幼儿开展的集体教育

30. 关于"家庭教育的早期性"，下列哪项正确？
    A 人的智力发展越来越快   B 3～6岁的孩子最有潜力
    C 家长越早给孩子请老师越好   D 5岁前最适合孩子的智力开发

31. 关于"家庭教育的连续性"，下列哪项正确？
    A 家庭教育的2/3是连续完成的   B 家庭教育是自然的，无需计划
    C 家长的所作所为很容易影响子女   D 家风的形成需要好几代人的努力

32. 最后一段画线词语"不及"的意思是：
    A 来不及   B 不合格
    C 比不上   D 不及时

33-36.

司马迁的家乡在黄河边上，那里山峦起伏，河流奔腾，风景十分壮美，这条中华民族的母亲河滋养了幼年的司马迁。司马迁从小就帮家里干活，种田、放牧牛羊，十分勤劳。在父亲的严格管教下，司马迁10岁就能阅读古代史书，他边读边做摘记，不懂的地方就请教父亲。小小年纪的他，读遍了有影响的史籍，并立志要做一名史学家。

父亲虽然忙，对司马迁读书却是有要求的。一天，父亲把司马迁叫到跟前，指着一本书说："这几个月，我公务缠身，抽不出空来教你。你自己读这本书吧。"司马迁看了看那本书，说："这本书我读过了。"说着就把书从头至尾一字不差地背了一遍。父亲很奇怪，难道世界上真有神童！第二天，父亲偷偷跟在出门放羊的司马迁后面。翻过小山，过了河，来到一片水草丰美的洼地，司马迁把羊群赶到草地中央，羊开始吃草后，他从怀中掏出一本书认真读起来，父亲恍然大悟。

20岁起，司马迁开始到各地游历，考察历史和风土人情，这为他日后编写史书提供了充足的史料。做太史令后，他常跟随皇帝到处巡游，又搜集了大量的历史资料，还了解到统治集团的许多内幕。为官期间，他如饥似渴地阅读宫廷收藏的大量书籍，收集了不少珍贵史料。

就在他撰写《史记》的时候，因为替李陵说情，触怒了皇帝，被关入监狱，判处了重刑。司马迁出狱后继续写作，经过前后10年的艰苦努力，终于写成了《史记》。这部巨著，对后世史学与文学都产生了极为深远的影响。

33. 根据第1段可以知道，司马迁：
 A 在劳动中锻炼了坚强的意志　　B 从小深受黄河文化的影响
 C 家里穷得只能跟父亲学习　　　D 从小就熟悉历史热爱历史

34. 关于司马迁读书，下列哪项正确？
 A 父亲对司马迁要求很高　　　　B 司马迁读书只限于背诵
 C 父亲忙得没时间过问司马迁　　D 司马迁的读书方法与父亲有分歧

35. 司马迁20岁以后：
 A 边旅游边撰写史书　　　　　　B 在皇帝身边做官了
 C 了解了为官的不易　　　　　　D 得到了官方的资助

36. 根据第4段可以知道：
 A 李陵也是太史令　　　　　　　B《史记》的内容让皇帝非常生气
 C 司马迁在皇帝面前替李陵说话　D 司马迁出狱后又写了10年《史记》

三、书写

第37题：缩写。

（1）仔细阅读下面这篇文章，时间为10分钟，阅读时不能抄写、记录。
（2）10分钟后，收起阅读材料，请你将这篇文章缩写成一篇短文，时间为35分钟。
（3）标题自拟。只需复述文章内容，不需加入自己的观点。
（4）字数为400左右。

20世纪初，美国福特公司正处于高速发展时期，一个个车间、一片片厂房迅速建成并投入使用。客户的订单快把福特公司销售处的办公室塞满了，每一辆刚刚下线的福特汽车都有许多人等着购买。

突然，福特公司一台电机出了毛病，几乎整个车间都不能运转，相关的生产工作也被迫停了下来。公司调来大批检修工反复检修，又请了许多专家来察看，可怎么也找不到问题出在哪儿，更谈不上维修了。

福特公司的领导火冒三丈，别说停一天，就是停一分钟，对福特来讲也是巨大的经济损失。这时有人提议去请著名的物理学家、电机专家斯坦门茨帮忙，大家觉得有理，急忙派人把斯坦门茨请来。

斯坦门茨要了一张席子铺在电机旁，聚精会神地听了3天，然后又爬上爬下忙了多时，最后在电机的一个部位划了一道线，写下"这里的线圈多绕了16圈。"工人们照他的建议进行了维修，令人惊异的是，故障排除了，生产立刻恢复了。

福特公司经理问斯坦门茨要多少酬金，斯坦门茨说："不多，只要1万美元。"1万美元？只画了一条线！当时福特公司最著名的薪酬口号是"月薪5美元"，这在当时是很高的工资待遇，以至于全美国许许多多经验丰富的技术工人和优秀的工程师为了这5美元月薪纷纷从各地涌来。

1条线，1万美元，一个普通职员100多年的收入总和！

斯坦门茨看大家迷惑不解，转身开了个账单：画一条线，1美元；知道在哪儿画线，9999美元。

福特公司经理看了之后，不仅照价付酬，还重金聘用了斯坦门茨。

故事到此结束了，人们得出了一个令人激动的口号——知识就是财富；留下的问题是如何去获取知识！

实际上，这个故事还不完整：

斯坦门茨原本是德国的一位工程技术人员，在德国经济不景气时来到美国。由于举目无亲，只得四处流浪，直到幸运地得到一家小工厂老板的青睐，雇用他进厂做技术员为止。斯坦门茨十分感谢老板，他刻苦钻研，很快掌握了马达制造的核心技术，并且帮小工厂接到了很多订单。

当福特公司总裁福特先生得知这个事情后，对斯坦门茨十分欣赏，先是给了1万美元的酬金，然后又亲自邀请斯坦门茨加盟福特公司。但斯坦门茨却拒绝了，原因是那家小厂的老板在他最困难的时候帮助了他，一旦他离开了，那家小厂就要倒闭。

福特先生感慨不已。不久，福特先生做出了收购斯坦门茨所在的那家小工厂的决定。董事会的成员都觉得不可思议，这样一家小工厂何以会进入福特的视野呢？福特先生意味深长地说："因为那里有斯坦门茨那样懂得感恩和有责任感的人！"

热点追踪 10

37 警察的故事

一、听力

第一部分 🎧 37-1

第1-5题：请选出与所听内容一致的一项。

1. A "通讯诈骗"亦称"电信诈骗"
   B 犯罪分子不喜欢利用互联网作案
   C 公安机关对通讯诈骗分子从不手软
   D 百姓应提高对通讯诈骗分子的警惕性

2. A 多数人对打击毒品犯罪表示肯定
   B 过去几年犯罪分子没有现在猖狂
   C 上届政府无法与新一届政府相比
   D 百姓们对毒品犯罪活动深恶痛绝

3. A 28名服刑人员生病了
   B 犯罪分子从监狱逃跑了
   C 监狱看守与罪犯有勾结
   D 军队是抓捕罪犯的主力

4. A 影片的主角是环保警察
   B 《未来警察》是进口大片
   C 影片中的马博士有个女儿
   D 影片畅想未来警察如何办案

5. A 女车主在车内遭到了抢劫
   B 女车主驾驶车辆时发生了事故
   C 开车的时候不要看手机或打电话
   D 地下车库很考验女车主的驾驶技术

第二部分　37-2

第 6-10 题：请选出正确答案。

6. **A** 突发疾病去世的
   B 在战役中牺牲的
   C 为救同事牺牲的
   D 遭遇车祸去世的

7. **A** 第一线
   B 秘书科
   C 指挥室
   D 人事科

8. **A** 张庆骗了狡猾的骗子
   B 1998年随张庆破诈骗案
   C 张庆将嫌疑人一直追到山东
   D 98年破案，张庆落下了病根

9. **A** 他对年轻人百般呵护
   B 他一工作就想不起来休息
   C 他热爱工作甚于自己的身体
   D 工作交给张庆就一百个放心吧

10. **A** 家庭成员众多
    B 亲属关系复杂
    C 家事对外都保密
    D 家庭经济条件不好

第三部分　37-3

第 11-17 题：请选出正确答案。

11. A 说风趣幽默的话
    B 说富有哲理的话
    C 想说什么就说什么
    D 说话讲究方式方法

12. A 养你们很辛苦
    B 你们要信赖我
    C 养你们也没有用
    D 把你们养得很白

13. A 他见解独到
    B 他不感情用事
    C 他能为对方着想
    D 他的话以理服人

14. A 自己走路来的
    B 跟朋友坐船来的
    C 一个人坐飞机来的
    D 坐马车、汽车、火车来的

15. A 嗑好的瓜子
    B 白色的包袱
    C 好吃的点心
    D 崭新的衣服

16. A 非常小气的人
    B 很有文化的人
    C 身强力壮的人
    D 爱自己儿子的人

17. A 这个故事很有趣
    B 朋友的母亲很保守
    C 朋友抱怨自己的母亲
    D 为了让朋友哄母亲高兴

二、阅 读

第一部分

第 18-20 题：请选出有语病的一项。

18. A 你不认真学习，那怎么可能有好成绩是可想而知的。

    B 这种正规组织类型的单一化，正是深入改革的主要障碍。

    C 关于这一点，我将在下一节里加以说明，这里暂且不谈。

    D 这篇文章既是生活实际的反映，又是作者真挚感情的流露。

19. A 在教学程序上，首先要建立起适应新的学科结构的思维框架。

    B 社会学的首要任务，就是要研究社会结构的谐调和正常运行。

    C 展望未来的计算机技术，预计将会出现以下几种崭新的计算机。

    D 今天，我来到扬州瘦西湖的地方，游览了白塔、钓鱼台和五亭桥等风景点。

20. A 任何时代都终究要建设新的文明，但新的文明的创造性建设都只有在原有传统的基础上才能进行。

    B 她无奈地说："我们还是分手吧，因为咱们俩是不同类型的人，你是现实主义者，反而我是超现实主义者。"

    C 这幅画中既有远古彩陶图案的影响，又有 20 世纪抽象画风的韵味，其平面分割、变形处理和色彩的装饰，又不乏现代意味。

    D 单纯的经济和文化水平的差别，还不能构成不平等，只有当这种差别妨碍一些民族享受法律所规定的平等权利时，它才成为事实上的不平等。

第二部分

第 21-23 题：选词填空。

21. 禁毒大队获知，_____宾馆有毒贩入住。民警在对房间进行检查时，一个房内的人拒不开门。为防止犯罪嫌疑人逃跑、跳窗和毁灭证据，民警强行进入房间，躲在卫生间的歹徒突然跳出，手持大刀对民警进行追砍，在_____犯罪嫌疑人砍刀的过程中，民警小何身体多处受伤，他强忍伤痛，在其他民警的_____下，将犯罪嫌疑人成功制服，并查获大量毒品。

A 此　　争夺　　搭配　　　　B 其　　取得　　结合
C 某　　夺取　　配合　　　　D 该　　获取　　合作

22. 邻里守望制度是一种居民主动_____、与执法者积极合作的犯罪预防_____。它将邻近的居民组织起来成为警察的"耳目"。这些特殊"耳目"在发现可疑行为后即刻报警，成员间还可相互交流，学习家庭防范_____。"邻里守望"_____增强社区居民对社区问题的关注度，从而在根本上提高社区的宜居指数。

A 参加　办法　技术　擅长于　　B 参与　措施　技巧　有助于
C 参考　设施　技艺　平行于　　D 参照　手段　技能　并列于

23. 一个患抑郁症的女孩与母亲发生争吵后独自出走，家人四处寻找_____，只好_____警察。在_____查看了周边的监控以后，民警发现女孩最后在一所医院附近消失。之后，民警与女孩的家人一起来医院附近，当看到仍在街头徘徊的女儿时，女孩的家人不禁_____。

A 结果　帮助　逐渐　悲喜交加　　B 果然　协助　专一　喜笑颜开
C 因果　互助　统一　欢天喜地　　D 未果　求助　逐一　喜极而泣

第三部分

第24-28题：选句填空。

公元前4世纪，意大利有个叫皮斯阿司的年轻人触犯了法律，将被处死。刑期临近，他希望能回家乡见母亲最后一面。

（24）＿＿＿＿＿＿，但条件是：他必须找一个人来替他去监狱。这是一个看似简单其实似乎不可能实现的要求。假如皮斯阿司一去不返怎么办？（25）＿＿＿＿＿＿？

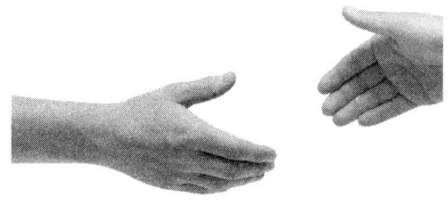

这个消息传出后，有一个人表示愿意来替换皮斯阿司——他就是皮斯阿司的好友达蒙。达蒙进了监狱后，皮斯阿司就返回家乡看望母亲。时间一天天过去，（26）＿＿＿＿＿＿，都说达蒙上了皮斯阿司的当。

一直到行刑的那一天，皮斯阿司还没有回来，只好由达蒙替死。当达蒙被带到刑场时，（27）＿＿＿＿＿＿，有的非常同情他。刀已经举起，达蒙眼看就要被杀头了。就在这时，皮斯阿司飞奔而来，高声喊着："我回来了！我回来了！"很多人都以为自己是在梦中，（28）＿＿＿＿＿＿，他们紧紧地拥抱在一起。

国王知道这件事后，不仅免除了皮斯阿司的死刑，而且重重地奖赏了他的朋友达蒙。

A 皮斯阿司音信全无，人们议论纷纷

B 他的这个要求被国王准许了

C 围观的人有的笑话他是个傻瓜

D 这时皮斯阿司已经冲到达蒙的身边

E 谁愿意冒着被杀头的危险干这件傻事呢

第四部分

第29-36题：请选出正确答案。

29-32.

　　王志是全国知名警犬驯导员，今年，他新带了一只警犬"小胖"，让我们听听1岁的小胖如何讲述它心目中的"爸爸"。

　　大家好，我是小胖，前几天刚满1岁。不过爸爸说，我差不多有5岁孩子那么高的智商呢！3个月前，我已经是一条光荣的公安警犬了。听说我爸爸是警犬基地资格最老的驯导员了，我和他一定超有缘分，不然为什么当初他一眼就相中了我呢。

　　33年前，爸爸开始驯导警犬，他总跟人家说："我比较笨，跟动物打交道省事儿。"其实，一个人喜不喜欢狗，我们一闻就知道，爸爸就是一个打心眼里喜欢我们的人。他为了照顾我们，把家都搬到了离市区很远的山野基地附近。每天一大早，他就来到我们的宿舍，先给我搞好卫生，然后给我梳毛，把我照顾舒服了，就开始一天的训练。爸爸说，虽然我是警犬，但我有一年玩儿的时间。我在绿油油的草坪上撒欢奔跑，把丢出去的球叼回来，我可以轻巧地钻过树丛的空隙，我还能翻过高高的障碍墙。

　　我有个姐姐叫佳鹿，爸爸经常带着她执行安检任务，姐姐特别棒，每次都能很出色地完成任务。一天的工作完成后，爸爸累得腰都快直不起来了，有一次他连续工作了30多个小时，累得饭都没吃就睡着了。

29. 关于"王志"，我们知道什么？
　　A 他今年33岁了　　　　　　B 他已经离婚了
　　C 他是一名驯犬员　　　　　D 他这个人比较笨

30. 王志为什么把家搬到了基地附近？
　　A 为了远离城市　　　　　　B 为了方便照顾警犬
　　C 为了看到更美的风景　　　D 为了更好地跟"小胖"玩儿

31. "小胖"现在的主要任务是：
　　A 习惯警犬的生活　　　　　B 向姐姐佳鹿学习
　　C 在玩儿中长本领　　　　　D 和驯导员搞好关系

32. 这篇文章的主要内容是：
　　A 警犬的日常生活　　　　　　B 警犬"小胖"在成长
　　C 驯导员和警犬之间的故事　　D 警犬"小胖"和"佳鹿"的故事

33-36.

方宇丽是一名女法医。参加工作以来，她参与了各类案件的现场勘查及法医鉴定工作，为刑事案件的准确定性提供了依据，为命案侦破提供了方向。

面对高度腐败、奇臭无比的尸体；面对条件恶劣、遭到破坏、也许一无所获的现场，她毫不犹豫地只说三个字"让我去"！

那年，发生了一起交通事故，车主把人撞死后，开车逃跑了。交通警察几经努力，终于查获了嫌疑车辆，但车主却坚持说他与事故无关。没有目击证人、没有直接证据，怎么办？方宇丽说："必须找到证据！"

深夜的办公室，她反复分析、琢磨，仔细推演案发过程；还和同事一起开车赶到案发地，分析可能遗漏了哪些痕迹；她想到了事故车辆，虽经过了处理，但也说不定会有些许线索？她再次来到事故车辆面前，开始仔仔细细检查起来，在此之前，这辆车已被她检查过六次。跪在车前，钻入车下，她一点点地检验车体，分析车上残留的每一点痕迹，不放过一丝一毫可疑之处。

她的放大镜最终在该车左前轮上停了下来！按捺住心头的激动，她小心翼翼地用镊子夹起那一小块可疑物，放进证据袋。很快，检验比对得出了结论：方宇丽在该车左前轮提取到的是一小块人体组织碎屑，经DNA检验鉴定，确认为受害人的人体组织！

此案的侦破终于得到了直接证据。狡猾的犯罪嫌疑人终于得到了应有的制裁。

33. 根据上文，方宇丽从事的工作是：
   A 解剖尸体　　　　　　　　B 法医鉴定
   C 处理交通事故　　　　　　D 还原案发过程

34. 与第2段画线词语"一无所获"意思最相近的词语是：
   A 满载而归　　　　　　　　B 两手空空
   C 一无所得　　　　　　　　D 荡然无存

35. 在交通事故案件中，方宇丽最后找到的证据是：
   A 人体组织存留物　　　　　B 车上残留的划痕
   C 车轮的碰撞痕迹　　　　　D 现场的目击证人

36. 根据上文，最适合形容方宇丽的词汇是：
   A 胆大心细　　　　　　　　B 廉洁自律
   C 善良聪明　　　　　　　　D 爱岗敬业

38 慧眼捕捉商机

一、听 力

第一部分　38-1

第1-5题：请选出与所听内容一致的一项。

1. A 老板的创业历程很艰辛
   B 要有自信企业才能成功
   C 老板应该掌握企业的一切
   D 成功后也要听取不同声音

2. A 这个主管教育员工空想没有用
   B 这个主管先告诉员工"成功之道"
   C 这个主管先让员工相信自己能成功
   D 这个主管认为怎样成功不是大问题

3. A 企业发展并没有什么规律
   B "短平快"有利于企业发展
   C 缺乏长远布局对企业发展不利
   D 很多老板热衷于商业模式创新

4. A 管理者要尽量满足员工的要求
   B 管理者要公平地对待每位员工
   C 管理者要让员工绝对服从自己
   D 管理者要让员工提出自己的看法

5. A 网购时要注意物品是否新鲜
   B 网购时要选择物美价廉的商品
   C 网购时要养成理性消费的习惯
   D 网购时每次消费金额都不要太大

第二部分 38-2

第 6-10 题：请选出正确答案。

6. A 采购
   B 监督
   C 财务
   D 烹饪

7. A 会出现缺乏经营本钱的问题
   B 会出现采购不够专业的问题
   C 会出现食堂不能做大的问题
   D 会出现难以防范的贪污问题

8. A 食堂采购员缺乏专业训练
   B 食堂采购员不是老板亲信
   C 粮食青菜油盐醋的采购标准十分复杂
   D 菜市场现金交易、无发票、价格变化大

9. A 大家不能互相关照
   B 人和人会结成同盟
   C 不专业的采购者会被小贩欺骗
   D 不懂行的人不能有效监督采购者

10. A 不同的人轮流采购
    B 一人采购，一人监督
    C 对所有东西都招标采购
    D 不同物品由不同的人采购

第三部分 38-3

第 11-17 题：请选出正确答案。

11. A 麦当劳大叔的肖像
    B 标志性的金色拱门
    C 麦当劳独特的风味
    D 麦当劳的汉堡配方

12. A 词语"McDonald's"
    B 一个孩子的设计
    C 最初店面的外形
    D 高速公路的标志

13. A 引导雨水
    B 美观大方
    C 耐用结实
    D 突出显眼

14. A 怎么创立公司
    B 怎么解决问题
    C 为什么创立公司
    D 怎么制定创业计划

15. A 供人搜索信息
    B 增加娱乐方式
    C 帮人解答问题
    D 把人联系起来

16. A 计划
    B 资源
    C 用心
    D 专长

17. A 连接 10 亿人
    B 连接 15 亿人
    C 连接世界上每个人
    D 并没有具体的目标

二、阅 读

第一部分

第 18-20 题：请选出有语病的一项。

18. A 他意识到宇宙的永恒，因此为人生的短促而叹息。

    B 我举手鼓掌，这时才发现那个小盒子还捏在我手里呢！

    C 这个时期电视剧的又一个特点是强调描写平凡的普通人。

    D 新出版的这本书，作者是旅居加拿大 20 年之久的华裔作家之手。

19. A 五彩缤纷的花朵与蓝莹莹的警灯形成了鲜明的对照。

    B 从那以后我再也没见过她，不想到今天站在我面前的就是她。

    C 夏季是一年中紫外线强度最高的季节，大家要做好防护准备。

    D 她们长得花容月貌，再配上各种漂亮的制服和头饰，真是一个比一个娇美。

20. A 刷牙实际上也起了一种局部的按摩作用，促进了牙龈的血液循环，加快了新陈代谢。

    B 当知识分子得到了应有的尊重的时候，一个国家、一个民族便摆脱了愚昧，开始兴旺、强盛了！

    C 不管我长得很好看，不管我性格很好，姑娘们一听说我干的是挖煤的工作，就都不愿意跟我谈恋爱了。

    D 如今，巴黎圣母院已成为与卢浮宫、埃菲尔铁塔齐名的巴黎三大游览观光点，每年接纳游客达 1100 万人次。

第二部分

第 21-23 题：选词填空。

21. 商机的创造、识别和_____是抓住商机的核心。这要求创业者有_____冒险的精神，既有个人风险，也有资本风险，但所有风险都必须是经过计算的，要不断_____风险和潜在的回报，这样才能让你有更多的胜算。通常，创业者会通过精心设计战略计划来合理安排他们的有限资源。

A 抓住	宁愿	平均		**B** 采摘	情愿	公平
C 抓捕	心愿	平稳		**D** 捕捉	甘愿	平衡

22. 成功的创业者和投资家都知道，一个好的思路未必是一个好的商机。实际上，以商业计划或商业建议等形式_____给投资者的每 100 个思路中，通常仅有 4 个最后成为投资对象。准创业者可能要花_____的时间寻找创业思路，而这些创业思路到头来可能毫无价值。所以，对创业者来说，学会快速地估计是否存在真正的商业_____，以及决定该在上面花费多少时间和精力是一项重要的_____。

A 报告	数以千计	潜在	技术		**B** 上报	千千万万	能力	能量
C 呈报	难以计数	潜力	技能		**D** 呈送	成千上万	力量	技巧

23. 世界酒店大王希尔顿，早年_____掘金热潮到丹麦挖金子，他没有别人幸运，屡次失败，没有挖出一块金子，可他却得到了上天的另一种眷顾。当他失望地准备回家时，发现了一个比黄金还要_____的商机，也迅速把握住了它。这就是当别人都忙于掘金之时他却忙于建旅店，他_____成为了有钱人，也为他日后在酒店业的成功_____了基础。

A 追随	珍贵	顿时	奠定		**B** 跟随	珍藏	霎时	确定
C 随着	珍宝	即时	决定		**D** 追求	贵重	一时	稳定

第三部分

第 24-28 题：选句填空。

英国王子准备耗资数亿英镑，在伦敦举行轰动全世界的婚礼。

婚礼中孕育着巨大的商机，消息传开后，（24）_____，想趁此机会发一笔大财。举行盛典时，从白金汉宫到圣保罗教堂，沿途挤满了近百万群众，（25）_____，准备亲眼目睹王子和王妃的风采。参加这次商业竞争的几家糖果厂，将王子和王妃的照片印在糖果盒上；工艺品厂为此设计了纪念章；食品厂在现场出售大蛋糕、冰激凌，欢迎人们品尝……（26）_____。

最令人叫绝的是一家经营望远镜的商家。在这近百万观众中，固然需要购买一枚漂亮的纪念章，吃上一块蛋糕或一盒冰激凌。可是围观的群众里三层外三层，后排的人们在这关键的一刹那，如果看不清王子和王妃的面容，（27）_____。

这时，突然从人们背后传来一阵叫卖声："请用望远镜观看盛典。一英镑一个！""有了望远镜，王子和王妃就像站在你的面前一样。一英镑一个！"长长的街道两旁，在同一时刻，由卖望远镜的老板雇佣的手里拿着简易望远镜的数十名儿童跑了过来，顿时，人们蜂拥而上，（28）_____。

那位精明的老板就此发了一笔大财。

A 岂不是最大的憾事

B 一大批望远镜很快被抢购一空

C 伦敦和英国各地的许多厂商都绞尽脑汁

D 人们从四面八方乃至世界各地赶来

E 他们都使出浑身解数要趁机赚钱

第四部分

第 29-36 题：请选出正确答案。

29-32.

  1992 年，第 25 届奥运会在西班牙巴塞罗那举行。该市一家电器商店老板赛前向巴塞罗那市民宣称："如果西班牙运动员在本届奥运会上得到的金牌总数超过 10 枚，那么 6 月 3 日到 7 月 24 日，凡在本店购买的电器，都可以得到全额退款。"

  这个消息轰动了巴塞罗那。人们争先恐后地到那里购买电器，商店的销售量逐日递增。尤其是才到 7 月 4 日，西班牙运动员就获得了 10 金 1 银。于是，人们比以前更加卖力地抢购电器。

  随着西班牙金牌数量的增加，据估计，电器商店的退款将达到 100 万美元，看来老板是非破产不可了！可老板却从容不迫地说："从下个季度开始兑现退款的承诺。"

  "这是为什么？他能退得起吗？"人们的心里难免有疑问。

  原来老板早做好了安排。在发布广告之前，他先去保险公司投了专项保险。保险公司认为金牌数不可能超过 10 枚，就接受了这个保险。

  对于老板来说，这是一个旱涝保收、只赚不赔的保险。如果西班牙运动员得到的金牌总数不超过 10 枚，那么电器商店显然发了一大笔财，保险公司也无须赔偿。反之，金牌总数超过了 10 枚，那么电器商店要退的货款将全部由保险公司赔偿，与电器商店无关。

  最能干的人是善于攫取机会，运用机会，征服机会，驾驭机会的人，而机遇就在你我的身边。

29. 如果西班牙的奥运金牌超过 10 枚，顾客有什么优惠？
  A 购买电器将可免费维修 B 购买电器将得到很大折扣
  C 购买电器将得到精美礼物 D 购买的电器将得到全额退款

30. 第 25 届奥运会，西班牙运动员得到的金牌总数是：
  A 10 枚 B 11 枚
  C 超过 10 枚 D 10 枚左右

31. 关于事情最后的结局，下列哪项正确？
  A 电器商店老板破产了 B 电器商店老板能兑现承诺
  C 购买电器的顾客得到了保险 D 购买电器的顾客没得到赔偿

32. 上文主要想告诉我们什么？
  A 做好广告很重要 B 要善于抓住机会
  C 保险公司也会破产 D 薄利多销才是经营之道

33-36.

我们都知道，在谈判，尤其是大型商业谈判中，还没有进入到会谈的阶段之前，谈判双方在心中就已经有了一个大致的目标和方案。这个目标和方案就构成了谈判的"焦点"，因此，谈判中最重要的，就是能把握好这个焦点，控制好谈判的进程，使之朝着有利于自己的方向发展。

当在关键问题上谈不下去时，也可以采取迂回战术。春秋战国时期，苏代就用这种灵活的方式说服西周国，顺利解决了一次东周国、西周国之间的水利纠纷，并且拿到了双份奖金。

当时，东周国为了发展农业，提高农作物的产量，准备改种水稻。西周国在高处掌握着水资源，知道了东周国改种水稻的消息后，坚持不给东周国放水。东周国非常着急，于是发出话来，谁能去说服西周国放水，国家会给予重奖。这时，苏代就自告奋勇去说服西周国。

苏代到了西周国之后对西周国人说："我听说你们不给东周国放水，这个决定可不高明啊。"西周国人问："怎么不高明呢？"苏代说："你们不给东周国放水，他们就没有办法种水稻，只能改种小麦，这样，他们就不用再求你们了。长此以往，你们和东周国打交道也就没有主动权了。"

西周国人问："苏先生，以你的意见怎么办好呢？"苏代说："要听我的意见，你们就给东周国放水，让他们顺利地种水稻，种水稻就需要常年用水，这样，东周国的经济命脉就掌握在你们手里了。你们一断水他们就完了，他们时刻都得依靠你们，巴结你们。"西周国人听了觉得有道理，不但同意给东周国放水，还重重奖励了苏代。

33. 根据本文，谈判中最重要的是：
A 要采取迂回战术   B 要解决关键问题
C 要有充足的自信心   D 要把握目标和方案

34. 关于东周国和西周国的纠纷，下列哪项正确？
A 西周国不给东周国放水   B 东周国不让西周国种水稻
C 西周国不让东周国提高农作物产量   D 西周国不让东周国学习小麦种植技术

35. 为什么苏代说西周国的决定不高明？
A 会引发战争   B 会损失经济命脉
C 会丢掉外交主动权 D 会失去一个友好国家

36. 苏代的故事告诉我们什么？
A 谈判时要真诚，不能说假话   B 谈判时要采取一些灵活的方法
C 谈判时要表示清楚各方面的态度   D 谈判时要有幽默感和良好的心态

39 互联网时代的生活

一、听力

第一部分 39-1

第1-5题：请选出与所听内容一致的一项。

1. A 网络的信息资源很有限
   B 互联网充实了我们的生活
   C 我们可以通过互联网环游世界
   D 互联网让我们进入别人的生活

2. A 很多同学玩儿游戏上瘾
   B 下课后大家会比较谁的手机好
   C 老师对手机的管理不那么严格
   D 老师脾气好，学生不听话就算了

3. A 家长和老师担心互联网诈骗
   B 家长和老师担心互联网让人变懒
   C 家长和老师担心互联网让人急功近利
   D 家长和老师担心互联网会分散学生的精力

4. A 互联网天生适合做金融
   B 出门丢什么都不能丢手机
   C 如今手机支付已十分普遍
   D 手机、钱包、钥匙必须随身带

5. A 众筹建房会增加融资成本
   B 众筹建房的成员可以定制房产
   C 房地产企业在众筹建房中很尴尬
   D 传统房地产开发模式销售压力更小

第二部分 39-2

第 6–10 题：请选出正确答案。

6. A 炫耀和自己有联系的朋友
   B 查看其他网络用户的账号
   C 通过朋友交到更多的朋友
   D 建立自己公开或半公开的账号

7. A 迅速扩大朋友的范围
   B 和更多的陌生人成为朋友
   C 和不易见面的朋友保持联系
   D 与已失联的朋友重新建立联系

8. A 交流更加简洁
   B 联系更加频繁
   C 对话更加专注
   D 对话时间更短

9. A 交流起来更加任性
   B 不想联系了就自然断交
   C 都不要对方的电话号码
   D 建立友谊尤其靠日积月累

10. A 看到朋友传上的照片
    B 和朋友一块儿去旅游
    C 发现和朋友住得很近
    D 发现和朋友有共同的朋友

第三部分  39-3

第 11-17 题：请选出正确答案。

11. A 适应所处的环境
    B 追忆往事的能力
    C 探知未知的潜能
    D 改变环境的愿望

12. A 意识的有无
    B 记忆存储的多少
    C 计算速度的快慢
    D 适应环境的快慢

13. A 肯定会有
    B 肯定不会有
    C 目前没有肯定的答案
    D 现在已经发明出来了

14. A 价格适中
    B 快捷方便
    C 有优惠券
    D 有意外惊喜

15. A 房屋平台有保险相送
    B 有机会中 500 万大奖
    C 平台多给一年的房租
    D 可享受国家给的补贴

16. A 提供海量租房信息
    B 保证百分百个人房源
    C 为租住双方节省时间
    D 确保租客身份的真实性

17. A 网上支付房租
    B 筛选出优质房源
    C 为租赁双方保密
    D 做到既快速又安全

二、阅 读

第一部分

第 18-20 题：请选出有语病的一项。

18. A 每个人都把这些樱花树看是中日友好的象征。

    B 与会代表还听取了第四届乒乓球赛筹备情况的报告。

    C 我们要以最大的努力去落实政策，一直到问题解决为止。

    D 他有时无意中买到一本喜欢的书，回家后简直爱不释手。

19. A 他很不懂浪漫，对妻子连一句也没说体贴的话。

    B 借口情况变化而全盘否定历史、抛弃传统，是错误的。

    C 深夜，两名不法分子冒充公安人员将刘兵寄存的包骗走了。

    D 一个年轻人饮酒后，仗着酒劲，竟公然在马路上持刀追逐行人。

20. A 布尔顿当时在新奥尔良的乐师中有"国王"之称，由他组建的乐队很快就家喻户晓了。

    B 那个人对记者说："公主病了，因此今天不能开招待会了，等公主治好病才安排吧。"

    C 这次的谈话，先生兴奋极了，虽然大部分是牢骚话，但他说得都极其风趣，使我们笑得合不拢嘴。

    D 公司实行股份制后，原来的企业职工多数将成为股东，对形成职工与企业命运共同体极为有利，同时便于企业吸收社会资金用于生产。

标准教程 6（下）练习册

第二部分

第 21-23 题：选词填空。

21. 在网页游戏发展史中，不得不提"偷菜游戏"。偷菜游戏具有明显的游戏特点，_____互动互助，好友越多越有趣。每天用户只需要上线给自己或者帮好友的作物浇浇水、杀杀虫、除除草、收收果实_____，如果有损友来玩家农场里使坏或者盗取果实，农场的狗也可以抓住他。该游戏不仅可以_____用户上线的积极性，还可以促使用户发起与站内好友的互动。

| A 追求 | 即时 | 发动 | B 希望 | 即便 | 变动 |
| C 注意 | 就可 | 调节 | D 讲究 | 即可 | 调动 |

22. 人们在大规模数据的基础上可以做到的事情，在小规模数据的基础上是无法完成的。全球新产生数据年增 40%，即信息总量每两年就可以翻番，而且这一趋势还在_____。_____能够更有效地组织和使用大数据，人类将得到更多的机会_____数据对社会发展的巨大推动作用。研究证明，通过大数据和幂律分布分析，人类行为 93% 是可以_____的，成为"已经发生的未来"。

| A 加速 | 倘若 | 发挥 | 预测 | B 加大 | 若干 | 产生 | 预报 |
| C 加深 | 假若 | 发展 | 测算 | D 加多 | 若非 | 发生 | 估计 |

23. 近些年，全球兴起金融_____，在中国，移动金融、投资和贷款似乎成了主流。在手机客户端的帮助下，在这个有着 13 亿人口和 7.8 万亿美元的市场里，_____科技公司正在向银行等传统机构发起_____。迄今为止，在中国注册手机银行业务的有 3.9 亿人，这超过了美国总人口，_____全球手机银行客户的 40%。

| A 创先 | 广大 | 攻击 | 位 | B 创新 | 众多 | 挑战 | 占 |
| C 创造 | 多数 | 战斗 | 居 | D 开创 | 当众 | 斗争 | 有 |

第三部分

第 24-28 题：选句填空。

"忽如一夜春风来，千树万树梨花开"，似乎在一夜之间，(24)_____。在《环球科学》杂志2013年评选出的2012年最值得铭记、对人类社会产生影响最为深远的十大新闻中，"3D打印"位列第九，(25)_____。

与此同时，3D打印技术在全球的推广也正在以惊人的速度增长。房子、足球鞋、手枪、骨骼……(26)_____，将原本难以实现的设想一一转化成现实。全球3D打印机制造巨头之一的美国3DSystems公司负责全球市场营销的副总裁凯西·刘易斯曾自信满满地说："有了3D打印，一切不再复杂，3D打印机几乎可以创造任何东西。"

在企业、科研机构和媒体的互动下，3D打印的未来似乎一片光明，甚至频频被提到或将带来"第三次工业革命"的高度。(27)_____？

其实，3D打印背后的技术并不新鲜，早在一二十年前，(28)_____。为何在出现多年后才突然燃起3D打印的关注热潮？3D打印正在改变什么，未来还能改变什么？仅仅是一次概念热潮，还是真的将带来一场生产方式变革？我们拭目以待。

A 3D打印成了每个科技媒体乃至大众、时尚媒体争相报道的热门话题

B 它就开始以"快速成型技术"这一名称应用于汽车、航空航天模型设计中

C 3D打印已经被运用到各个行业中

D 理由是"3D打印将在制造业和科研领域引发一场革命"

E 3D打印真的会给制造业带来革命性的变化吗

第四部分

第29-36题：请选出正确答案。

29-32.

你是不是一直梦想着有另一个自己——双胞胎机器人，在赖床的时候，可以派它去上学？日本的机器人技术专家石黑浩一直在做这方面的研究。他制造了很多机器人，其中就有一个"他自己"。

这位与石黑浩有着相同面孔的中年"男士"，坦白地说是由橡胶、气压装置、电子元件构成的，不过这位"男士"有一个身体组成成分和石黑浩相同，就是头发，这是从他本人头皮上取得的。机器人因为是固定的，所以还不能走出实验室去买东西，不过，它已经能够初步完成一些任务，就是模仿一个人。

石黑浩坐在计算机前，远程控制他的机器人，一个麦克风用来捕捉他的声音，一台摄像机跟踪他的脸部和头部运动。当石黑浩说话时，机器人也跟着他做一样的动作。它也会眨眼、抽动，表现得像是在呼吸。不过，人类的一些行为也被刻意地抑制了。当石黑浩点起一根香烟时，机器人就不会继续模仿。石黑浩认为机器双胞胎是他的好助手。"我研究的问题是了解什么是人，我使用非常像人类的机器人来测试我的假设，比如人性、智能和行为。"他的研究领域是人机互动。

29. 石黑浩是什么方面的专家？
 A 双胞胎医学专家　　　　B 机器人技术专家
 C 远程控制技术专家　　　D 机器人模仿行为专家

30. "机器人石黑浩"哪一部分跟石黑浩本人相同？
 A 皮肤　　　　　　　　　B 头发
 C 衣着　　　　　　　　　D 思想

31. 机器人会模仿石黑浩的什么动作？
 A 出去买东西　　　　　　B 走路、说话
 C 眨眼、抽动　　　　　　D 点起一根烟

32. 石黑浩希望利用机器人：
 A 捕捉外界的声音　　　　B 分析人体的运动
 C 测试自己的假设　　　　D 代替自己做研究

33-36.

近年来，在广阔的网络文化里，一批新兴网媒迅速崛起，成为新媒体的亮点。不仅如此，在网络社交发展的基础上，新型专业社交网站不断涌现，去年社交网站用户和访问量激增，吸引了诸多商业巨头纷纷进军社交网站。

有专家指出："随着互联网的社交功能日益发展，诸多网络应用已经成为人们进行交往的主要渠道，网络社交用户经过多年积累已成相当规模，这是社交网络热的必然条件。"

社会学家则认为："通过社交网站，商业公司不但可以收集手机号、用户账号等普通信息，还可以通过分析网民发布的博客、帖子、同学群体等，推测出用户的消费倾向（节俭还是奢侈）、个人婚姻情况（单身还是离婚）、工作情况（是否有跳槽的意向）等十分隐私的信息。社交网站的诸多争议吸引了大众的眼球，其新奇的社交功能吸引着用户，其病毒式的营销手段以及恶意竞争令人惊诧，甚至让人心生恐惧。"

新媒体是把"双刃剑"，它在促进国家经济社会等方面发展的同时，也给经济、政治、文化、社会发展和国家安全、军事安全等诸方面带来严重甚至严峻的挑战。从一定意义上讲，谁掌握新媒体，谁就将掌控世界。面对这些严峻挑战，我们不能等闲视之。

33. 关于近年的网络发展，下列哪项正确？
   A 网络自媒体如雨后春笋　　B 社交网站用户大量增加
   C 网上购物已经蔚然成风　　D 独特的网络文化已然形成

34. 对于网络发展，专家的观点是：
   A "社交网络热"不会持久
   B 互联网的社交功能仍有待发展
   C 网络是现今人们进行交往的主要途径
   D 网络已无法承载日益增加的网络社交用户

35. 对于网络发展现状，社会学家认为：
   A 手机号成了收藏品　　B 个人隐私易被泄露
   C 网络病毒为害不浅　　D 人们对网络爱恨交加

36. 最后一段中"新媒体是把'双刃剑'"是指新媒体：
   A 有利有弊　　B 祸不单行
   C 在快速发展　　D 在挑战传统

40 人类超能力会改变世界纪录吗

一、听力

第一部分 40-1

第1-5题：请选出与所听内容一致的一项。

1. A 游泳可以帮助你减肥
   B 学会游泳后很容易忘
   C 游泳在危急时能救命
   D 游泳前应做其他运动

2. A 每人在运动上都有特别的天赋
   B 和别人一起运动比独自运动好
   C 胆子小的人通过运动会变得勇敢
   D 爱动的孩子通过运动能获得精力

3. A 田径运动是人类发展最快的运动
   B 十项全能比赛的项目主要是赛跑
   C 十项全能运动员自选十个项目比赛
   D 十项全能运动员要参加两天的比赛

4. A 运动员有了精彩表现后会很兴奋
   B 运动员一般都是为了娱乐而运动
   C 每个人都应选择自己喜欢的运动
   D 运动的目的是在竞争中赢得比赛

5. A 体操运动员的身体弹性特别强
   B 体操运动员需要很大力量完成动作
   C 体操运动员比赛时常被弹到非常高的地方
   D 体操运动员的动作在比赛中要保持很长时间

第二部分 40-2

第 6–10 题：请选出正确答案。

6. **A** 400 米接力比赛
   B 100 米短跑比赛
   C 110 米跨栏比赛
   D 10000 米长跑比赛

7. **A** 刘翔的宿舍很安全
   B 刘翔生活中很马虎
   C 刘翔特别喜欢上网
   D 刘翔非常喜欢听歌

8. **A** 掌握对手信息
   B 了解社会新闻
   C 了解经济情况
   D 关注国内外大事

9. **A** 队友必须为他服务
   B 他能优先接受按摩
   C 他能优先使用训练场
   D 他能任意挑选按摩师

10. **A** 有矛盾
    B 挺友善
    C 很冷淡
    D 比较一般

第三部分　40-3

第 11-17 题：请选出正确答案。

11. A 保持健康的方式
    B 结交朋友的途径
    C 生存的基本能力
    D 自娱自乐的方式

12. A 那里的人驾船的本领很高
    B 那里的人喜欢用弓箭捕鱼
    C 那里的人个个都是运动高手
    D 那里还存在着古老的生活方式

13. A 出门去旅行
    B 疯狂地工作
    C 坚持体育锻炼
    D 去呼吸新鲜空气

14. A 参加比赛
    B 关注赛事
    C 出门旅行
    D 成为明星

15. A 花环
    B 金牌
    C 银牌
    D 铜牌

16. A 五个古老的项目
    B 五位奥运会冠军
    C 熊熊燃烧的圣火
    D 五大洲之间的友谊

17. A 爆发战争
    B 停止战争
    C 轮流举办奥运会
    D 举行盛大的欢迎活动

二、阅 读

第一部分

第 18-20 题：请选出有语病的一项。

18. A 后来她不知不觉睡着了，不知多长时间睡觉。

    B 她聪明而任性，常常为一点点小事和同学争执、赌气。

    C 经济学家往往迷信数字，什么利润率多少、GDP 多少等。

    D 学生的心理发展还远没有达到极限，还可能有更大的发展。

19. A 作文比赛的报名时间下周末下午截至。

    B 我们应该把整个任务分解成若干小项目。

    C 《史记》最后一篇中引用了司马谈的文章。

    D 这项社会工程需要动员各方面的力量参与。

20. A 这篇文章论点鲜明，论述详尽，从人口的角度给出了地方政府的最优管辖范围。

    B 我们不能把引入竞争机制当作一句空话，领导干部的公开选拔也是引入竞争机制的做法。

    C 上个星期跟朋友慕名参观了郊外的一处景点，那儿小巧精致，范围不大，我三个小时才看完。

    D 我们应尽量避免因电脑出现故障而丢失未能保存的内容，所以在用电脑工作时应及时保存文件。

第二部分

第 21-23 题：选词填空。

21. _____你没有梦想过成为足球明星或职业网球选手，体育运动对你来说也仍然十分重要。如果能有_____地活动你的运动器官——骨骼、肌肉、韧带、肌腱和所有大大小小的关节的话，你就会变得灵巧而敏捷。体育运动可以强健你的心脏和血液循环系统，还可以_____大脑的氧气供应。

| A 不管 | 规定 | 改变 | B 即使 | 规律 | 改善 |
| C 因为 | 规则 | 改革 | D 一旦 | 规范 | 改掉 |

22. 在网球、乒乓球和羽毛球比赛中，选手要_____通过技巧将球打过网，打在对方的界内，并使对方_____不到球或在回击时出现失误。哪一方将球打到网上或是打到界外，就_____对方得分。网球选手发球时，球的速度能达到赛车的速度！而对方选手必须快速地_____脚步，做出如闪电般迅速的回应。

| A 尽管 | 抓 | 为 | 转移 | B 随意 | 拿 | 认 | 转换 |
| C 尽量 | 接 | 算 | 移动 | D 尽快 | 扔 | 给 | 运动 |

23. F1 赛车手一般都是体魄_____的运动员，因为 F1 赛车的驾驶_____和车手所必须经受的强大离心力，跟驾驶一般车辆相差悬殊。赛车手不仅体能状态要_____常人，更要有沉着、冷静的_____。而且身体的耐热性对 F1 车手也是很重要的。

| A 强健 | 方式 | 优于 | 头脑 | B 强大 | 方法 | 高于 | 脑力 |
| C 坚强 | 办法 | 长于 | 精力 | D 顽强 | 形式 | 大于 | 脑袋 |

第三部分

第 24-28 题：选句填空。

来到新西兰后，学校希望每一个学生都能够在课余按照自己的喜好选择一两项运动。这不属于必修的课程，完全属于课后的休闲娱乐，许多同学都放弃了选择的机会，我倒是觉得既然能有多达 17 种运动项目供我选择，（24）_____？于是我选择了击剑。

周二下午，老师通知我到体育馆参加首次训练，不需要任何装备，也不需要任何准备。教练是一位和蔼可亲的女士，叫戴安。（25）_____，并说当年中国选手获得过奥运会冠军，相信我也可以获得好成绩。与国内直接进行技术和体能训练的教育不同，她首先让我了解击剑的发展史。熟悉了基本规则之后，（26）_____。让我吃惊的是，刚刚参加了两次训练，戴安就安排我参加了一次演习赛，（27）_____。大概是初生牛犊不怕虎吧，我只用了 15 分钟就以 5:1 拿下了比赛。（28）_____，也指出了我进攻时暴露的问题。首次比赛的成功对我以后的练习是个很大的动力。

A 赛后戴安对我大大夸奖了一番

B 她首先对我表示欢迎

C 对手是一个已经学习击剑两年但年龄比我小 3 岁的男孩儿

D 何不尝试一下呢

E 我便开始在她的指导下循序渐进地进行步伐、动作训练

第四部分

第 29-36 题：请选出正确答案。

29-32.

在多年前的一场 NBA 决赛中，新秀皮蓬独得 33 分，超过乔丹 3 分，成为公牛队中比赛得分首次超过乔丹的球员。比赛结束后，乔丹与皮蓬紧紧拥抱，两人泪光闪闪。

这里有一个乔丹和皮蓬之间鲜为人知的故事。当年公牛队涌现出的众多新秀中，皮蓬是最有希望超越队友乔丹的，他时常流露出一种对乔丹不屑一顾的神情，还经常说乔丹某方面不如自己，自己一定会把乔丹推倒之类的话。但乔丹并没有把皮蓬当作潜在的威胁而排挤他，反而对他处处加以鼓励。

有一次，乔丹对皮蓬说："我俩的三分球谁投得好？"皮蓬有点儿心不在焉地回答："你明知故问，当然是你。"因为那时乔丹的三分球命中率是 28.6%，而皮蓬是 26.4%。但乔丹微笑着纠正："不，是你！你投三分球的动作很规范、自然，有得天独厚的天赋，以后一定会投得更好，而我还有很多弱点。"他说："我扣篮多用右手，习惯用左手帮一下，而你，左右都行。"这一细节连皮蓬都不知道，他深深地为乔丹所感动。

这件事成了两人关系的转折点，从那以后，皮蓬和乔丹成了最好的朋友，皮蓬也成了公牛队 17 场比赛得分首次超过乔丹的球员。而乔丹的这种品质则为公牛队注入了难以击破的凝聚力，从而使公牛队创造了一个又一个神话。乔丹不仅以球艺，更以他那坦荡无私的广阔胸襟赢得了所有人的拥护和尊重，包括他的对手。

29. 关于多年前的那场 NBA 决赛，下列哪项正确？
   A 当时皮蓬还是个新手 B 乔丹一个人得了 36 分
   C 之前乔丹一直得分最高 D 这场比赛对公牛队很重要

30. 第 3 段画线词语"明知故问"的意思是什么？
   A 有不明白的，就要问人 B 明明知道，还故意问人
   C 因为不明白，所以要问 D 问了，就什么都明白了

31. 乔丹认为皮蓬三分球比自己投得好的理由是什么？
   A 皮蓬在气势上占优势 B 皮蓬技术好，还很谦虚
   C 自己命中率高纯属偶然 D 皮蓬有得天独厚的天赋

32. 根据上文，下列哪个词形容乔丹最适合？
   A 胸怀坦荡 B 目光如炬
   C 化敌为友 D 心直口快

33-36.

训练场上有人哭着骂他是"魔鬼";生活中,大家说他像父亲般慈爱。他就是女子曲棍球队的"金牌教练"——金教练。

刚指导这支球队时,金教练很快就准确地抓住了制约球队进步的主要问题——体能。为此,他制定了一套严格的训练计划。他在训练中十分严厉。每天训练结束后,女队员们的两条腿都累得迈不上楼梯。这种超极限的"魔鬼式"训练,强度起码超出以往3倍,于是有的队员哭过、骂过,但姑娘们都是好样的,她们依托良好的身体素质,很快就适应了,同时还锻炼了自己不向困难屈服的意志品质和力争上游的拼搏精神。姑娘们发现,要求队员做到的,金教练自己一定先做到。每次训练,他都提前10分钟到达场地,他也严禁其他教练和工作人员迟到。金教练的腰有旧伤,一犯起来就会全身疼得起不了床,但当腰疼时他硬是让人把他扶到训练场坚持训练。

空洞的说教是打动不了队员的,金教练用自己的行动赢得了姑娘们的信任。即使是哭着骂过金教练是"魔鬼"的姑娘,也觉得训练场外的教练慈祥如父。队员有伤、有病,教练背起来就往医院送。比赛奖励给教练的奖金,他都拿出来给队员买营养品。他把每个队员的生日都抄下来贴在宿舍的墙上,到时就亲自为队员过生日。

在一次重大赛事中,球队取得了盼望已久的胜利。姑娘们欢呼着奔向金教练,自发地把手中的鲜花举到教练胸前。金教练沉默了许久,望着这一个个熟悉的身影,他的双眼模糊了。

33. 有人骂金教练是"魔鬼",是因为:
   A 他的品质有问题   B 他的要求太严格
   C 他的长相太可怕   D 他的态度太凶恶

34. 制约那支球队进步的主要问题是什么?
   A 体能   B 意志
   C 精神   D 战术

35. 训练场外的金教练是个什么样的人?
   A 很认真   B 很慈祥
   C 十分严厉   D 也像魔鬼

36. 文中"……这一个个熟悉的身影"指的是:
   A 其他教练   B 工作人员
   C 球队队员   D 教练的家人

三、书写

第37题：缩写。

（1）仔细阅读下面这篇文章，时间为10分钟，阅读时不能抄写、记录。
（2）10分钟后，收起阅读材料，请你将这篇文章缩写成一篇短文，时间为35分钟。
（3）标题自拟。只需复述文章内容，不需加入自己的观点。
（4）字数为400左右。

    有一个叫菲尔德的商人，一次偶然的机会，在农夫巴勒斯家里吃到了一种番茄酱，那鲜美的味道，令他赞美不已。出于商人的本能，菲尔德决定向巴勒斯讨要制作番茄酱的秘方。巴勒斯几乎未加任何考虑，便将番茄酱的制作方法告诉了他。临走时，菲尔德给了巴勒斯100美元，作为购买番茄酱秘方的费用。巴勒斯一再拒绝，可菲尔德还是将钱塞给了巴勒斯。

    就这样，菲尔德开始了番茄酱的生产。不出所料，番茄酱的销量果然很好，菲尔德很快便成了百万富翁。就在菲尔德准备扩大生产的时候，突然在街头看到了一张小广告。菲尔德大吃一惊，原来那是农夫巴勒斯寻找自己的广告，广告上说，如果菲尔德看到了这张广告，希望立即跟自己联系。

    菲尔德想，巴勒斯肯定是来要钱的！当初自己用100美元购买的番茄酱秘方，转眼让自己变成了百万富翁，巴勒斯一定是后悔了。那么，他究竟想要多少钱？弄不好，巴勒斯还会要求自己停止生产，或者跟自己打官司。

    为了躲避巴勒斯，菲尔德忍痛将番茄酱厂一再搬迁，销售范围也一缩再缩。可是，巴勒斯寻找他的小广告，仍然随时出现，菲尔德终于经不住折腾而破产了。

    气急败坏的菲尔德决定去找巴勒斯算账，他想知道，巴勒斯究竟想要干什么！当菲尔德出现在巴勒斯面前的时候，巴勒斯就像遇到了久违的亲人一样，高兴地说："我终于找到您了！"菲尔德气急败坏地说："你找到我了，可我没有钱给你。"巴勒斯愣了一下，赶紧从口袋里掏出当年巴勒斯给他的那张100美元的钞票，对他说："我找您，就是要把钱还给您。"菲尔德不解地问："这不是我购买番茄酱的秘方的费用吗？"巴勒斯说："是的，但我不收您的钱，如果我因为这么点儿小事就收您的钱，邻居们会耻笑我的！"

    菲尔德苦笑着问："如果我一直不出现呢？"巴勒斯坚定地说："那我就继续找下去，直到将钱还给您为止，这可是我们乡下人做人的原则！"

附录

HSK（六级）模拟试卷

注 意

一、HSK（六级）分三部分：

    1. 听力（50题，约35分钟）

    2. 阅读（50题，50分钟）

    3. 书写（1题，45分钟）

二、听力结束后，有5分钟填写答题卡。

三、全部考试约140分钟（含考生填写个人信息时间5分钟）。

一、听 力

第一部分

第1-15题：请选出与所听内容一致的一项。

1. A 侯宝林的父母爱听相声
   B 侯宝林的老师非常善良
   C 侯宝林是个天才艺术家
   D 侯宝林是个受欢迎的演员

2. A 男的比女的更擅长做生意
   B 丈夫在妻子面前不愿认输
   C 眼下男主内女主外也不奇怪
   D 丈夫并不甘心留在家里做家务

3. A 陈师曾很尊重齐白石
   B 齐白石从不讨好权贵
   C 齐白石擅长画人物画
   D 艺术家更要人格独立

4. A 中国人的教育观念正在改变
   B "棍棒出孝子"一直被遵从
   C 学校体罚学生的现象还不少
   D 孩子有暴力倾向也是难免的

5. A 他们公司生产刀具
   B 好刀具不用总保养
   C 选择刀具是一种人生享受
   D 他们的客户买刀为了投资

6. A 便宜的牙膏去污力差
   B 多数人会对牙膏过敏
   C 不应用存放过久的牙膏
   D 要选择适合自己的牙膏

7. A 鸭嘴兽是胎生动物
   B 鸭嘴兽比袋鼠进步
   C 原始的袋鼠才进育儿袋
   D 袋鼠具有高等哺乳动物特征

8. A 画家要先学习画底色
   B 会画画儿也适合搞建筑
   C 城市建设必须先做好规划
   D 一发现错误就要马上改正

9. A 冰雹危害极大
   B 天冷时才下冰雹
   C 雹子出现在早春
   D 动物会躲避冰雹

10. A 叶龙在出版单位工作
    B 钱穆先生一直想写部文学史
    C《中国文学史》是钱穆和叶龙合著的
    D《中国文学史》是钱穆先生的授课笔记

11. A 现在是秋季
    B 这里有一群孩子
    C 树下坐着位老人
    D 河水中落满了红叶

12. A 说话人最喜欢爬山
    B 鲤鱼山人工景致多
    C 鲤鱼山开采出了玉石
    D 鲤鱼山是个很美的公园

13. A 没有水也就没有绿洲
    B 全球气候正在逐步变冷
    C 河西走廊的水都是雪水
    D 将沙漠变为绿洲并非神话

14. A 吴正荣正在学习中文
    B 吴正荣想做个中国通
    C 吴正荣的妻子是长沙人
    D 吴正荣正在帮扶残疾人

15. A 小时候过年的记忆就是吃
    B 过年时母亲变得格外忙碌
    C 过年是犒赏付出者的日子
    D 父亲对老马比对孩子都好

第二部分

第16-30题：请选出正确答案。

16. A 有人70多岁才获得钢琴比赛冠军
    B 中国人首次参加国际肖邦钢琴比赛
    C 李云迪参加国际肖邦钢琴比赛获奖了
    D 小于18岁的人不能参加国际钢琴比赛了

17. A 他能够理解复杂的艺术
    B 他对肖邦的理解很独到
    C 他能惟妙惟肖地模仿肖邦
    D 他年轻气盛，以自我为中心

18. A 民族素质
    B 傅聪的启发
    C 自己的性格
    D 中国的文化背景

19. A 检验自己
    B 冲刺2005
    C 拿个好名次
    D 没有什么目标

20. A 一共要比赛好几轮
    B 李云迪一开始没信心
    C 第三轮比赛最易有波动
    D 评委最看中最后一轮比赛

21. A 他是以色列人
    B 他在电视台工作
    C 这个十一他休息
    D 他们单位常加班

22. A 那天的很多事他都忘了
    B 他们当时带的钱花光了
    C 除夕夜他们是在路边睡的
    D 有过被人"拒绝"的经历

23. A 布置越来越简单
    B 东西越来越高档
    C 外国人也来摆摊儿
    D 商业化气氛越来越浓

24. A 中国人不喜欢爬山
    B 外国人喜欢随团旅行
    C 中国人哪儿漂亮去哪儿
    D 外国人喜欢去人少的地方

25. A 外国人喜欢买特色产品
    B 外国人喜欢买大牌首饰
    C 中国人喜欢买丝绸服装
    D 中国人喜欢买手工制品

26. A 希望生活平淡而安稳
    B 希望每天有时间锻炼
    C 希望在挑战中保持活力
    D 不喜欢的坚决不再忍受

27. A 生活充满了戏剧性
    B 最美的生活在小说中
    C 导演自己的人生体验
    D 每个人都应该炫耀自己

28. A 如何在表达形式上有所创新
    B 如何把男孩子拍得更加出众
    C 如何尽情宣泄男孩子的情绪
    D 如何让观众看到男孩子的思想

29. A 有些人是戴着有色眼镜观影的
    B 这部电影形式和内容相互响应
    C 观众并不重视形式和内容的问题
    D 电影技术和内容原本就是对立的

30. A 让他从小没有安全感
    B 让他对传统文化产生了反感
    C 让他一直怀有冒险挑战的精神
    D 让他形成既叛逆又乖巧的个性

第三部分

第 31-50 题：请选出正确答案。

31. A 是个出色的预言家
    B 在老林心中地位不高
    C 对烟囱的改造十分内行
    D 对火灾隐患做了及时提醒

32. A 火没着起来
    B 家中没受损失
    C 街坊挽救了他的家
    D 街坊告诉他做人的道理

33. A 不请老王，老王会生气
    B 老王的人缘比他好多了
    C 忘记老朋友是不可原谅的
    D 不应把老王的话当成耳旁风

34. A 因为一半儿童的死因是腹泻
    B 因为洗手可改变儿童的命运
    C 因为洗手可有效预防某些疾病
    D 因为洗手可增加肥皂的销售量

35. A 洗手太多容易造成手部感染
    B 人们不重视饭前便后要洗手
    C 缺乏对儿童的手部卫生知识教育
    D 人们不了解如何洗手可预防疫病

36. A 要求全球民众天天洗手
    B 推动全球医疗体系的完善
    C 普及传染病传播与预防的知识
    D 使更多民众认识到洗手的重要性

37. A 他应该让妻子自救
    B 他不应该不救孩子
    C 他应该两个人都救
    D 做他的妻子很幸运

38. A 洪水来时他都糊涂了
    B 想救孩子但来不及了
    C 对自己的决定非常后悔
    D 妻子抓住他，不能不救

39. A 做事不能太犹豫
    B 世间本没有是与非
    C 做事要三思而后行
    D 不能小看舆论的力量

40. A 他个子太矮了
    B 他把帽子弄丢了
    C 他以为有人在和他开玩笑
    D 他为竹子的生长速度而困惑

41. A 只在白天生长
    B 遇到下雨就会长
    C 只有顶端有分生组织
    D 生长速度比竹子慢 60 倍

42. A 快要下雨了
    B 竹子停止生长
    C 竹子到了快速生长期
    D 周围的土地没有营养了

43. A 得到鱼的人撑死了
    B 得到鱼竿的人生病了
    C 他们分了礼物就分开了
    D 得到鱼竿的人把鱼竿卖了

44. A 他们缺乏合作
    B 他们勇敢无畏
    C 他们精诚团结
    D 他们有勇无谋

45. A 开始他们也曾分开
    B 两个人的饭量都很小
    C 他们两个都不喜欢捕鱼
    D 那份礼物改变了他们的命运

46. A 做人要眼观六路，耳听八方
    B 做一个成功的人并不是难事
    C 眼前利益比长远利益切合实际
    D 做人要有眼光，做事要有办法

47. A 饭后吃
    B 整个吃
    C 嚼着吃
    D 冲水吃

48. A 晾晒被子
    B 补充能量
    C 打开窗子
    D 叠好被子

49. A 容易越睡越累
    B 容易引发心脏病
    C 容易出现血压高
    D 容易导致消化不良

50. A 生活中处处有学问
    B 生活习惯不好的人很多
    C 生活就是由细节组成的
    D 不好的生活细节会影响健康

二、阅读

第一部分

第51-60题：请选出有语病的一项。

51. A 我去年留学在北京，上个月刚回来。

    B 我连续给她打了八个电话，她都不回我。我心里急得不行。

    C 海洋里，鱼儿在欢快地游动；天空中，鸟儿、蜜蜂在自由地飞翔。

    D 在山里赶路，我们看到远处炊烟袅袅升起，就知道那里有可以投宿的人家。

52. A 他风趣的比喻引来了一片笑声。

    B 运动是青春的充电站，是打开健康城堡的钥匙。

    C 回国一年多，没有讲汉语的机会，我的汉语越来越忘了。

    D 父亲由于劳累过度，损伤了肩膀，不能抡锤打铁了，于是改行卖自行车。

53. A 这件衣服倒是不错，可惜贵了点儿。

    B 出门的时候注意点儿，甭丢这捡那的。

    C 初冬的北京已经非常寒冷，穿着薄薄的戏服的我们冻得直打哆嗦。

    D 虽然那时的条件很差，但在我的记忆中，每年的年夜饭都会十分丰盛。

54. A 大脑由对称的左右两个半球组成。

    B 事实上，在冲突发生之前，两家人已积怨很深。

    C 大家坐在一起还是有些拘束，她笑着说，一家人，就何必那么客气了。

    D 医务人员要发扬救死扶伤的人道主义精神及对事业无私奉献的高尚品德。

55. A 你爸不会说你走了就别回这个家，就此断绝父子关系吧？

    B 父母有抚养教育未成年子女的义务，成年子女有赡养扶助父母的义务。

    C 其实，解决这个问题的关键不在于是否使用惩罚，也在于如何制定规则。

    D 人家都说姗娜是个有福气的女人，可她却觉得现在的生活还缺乏某种激情。

56. A 大伙儿都说，他是榆木疙瘩脑袋，顽固不化。

　　B 人生之光荣，不在永不失败，而在能屡败屡战。

　　C 历代思想家无不寻找着实现公正理想的手段、体制和制度。

　　D 各国实施义务教育年限的长短，是由该个国家经济、文化发展水平决定的。

57. A 人家都说魏征举止粗鲁，我看这正是他可爱的地方哩！

　　B 这张报纸奠定了他在英国出版界的地位，当时其发行额达600万份。

　　C 梁思成虽然话不多，但偶尔谈起什么来，却十分诙谐幽默，富有情趣。

　　D 王越当学生时极爱读书，知识面广，记得他当年在饭桌上常有妙语新见。

58. A 父母有时会提起，当年若不是出于无奈，也会答应这件使他们抱憾终生的事情。

　　B 一只燕子的来临说明不了什么，当一群大雁冲破三月的雾霭时，就说明春天到了。

　　C 师生友好合作会增进儿童学习的责任感，而师生之间对立、敌视或不信任，则会产生相反的结果。

　　D 和我们经历着不同社会时代的父母也许不能和我们有相同的见解，但是他们愿意为孩子做出的妥协和改变才是最令人暖心的。

59. A 马经常打响鼻，这是马为了排除鼻腔异物，保证呼吸道畅通，使嗅觉保持灵敏的本能。

　　B 攀枝花市西跨横断山脉，东临大凉山山脉，北接大雪山，南抵金沙江，地势西北高，东南低。

　　C 虽然文具产品一般不存在保质期的限制，但陈列时间长了，花季少女也会变成半老徐娘，影响"卖相"，甚至沦为不良品。

　　D 小学生的大脑神经细胞比较脆弱，很容易疲劳。如果课业负担过重，就有可能造成了疲劳过度、失眠或神经衰弱，以致影响身体的发育成长。

60. A 尽管自己和师傅之间有一段说不清的恩怨，但我还是对老师心存感激的。

　　B 他是一名优秀的球员。训练中，他努力而刻苦，身体素质比以前更好多了，技战术能力也有了很大提高。

　　C 在城市里，由于人口稠密、工商业高度集中造成温度高于周围地区的现象，叫作"热岛现象"，也称热岛效应。

　　D 她是茶会的中心。她对艺术的清澈见解，她对丑恶的彻底轻蔑，她自由宁静的仪态，无一不具有强大的吸引力。

第二部分

第 61-70 题：选词填空。

61. 飞禽中的杜鹃鸟，专等其他鸟类_____好巢后把自己的蛋_____在别人的巢穴里，让别的鸟帮自己孵蛋，喂养子女，小杜鹃就靠_____别人的营养长大。

  A 搭 放 吸收   **B** 筑 下 汲取
  C 盖 孵 获得   **D** 建 搁 吞食

62. 侮辱，是指用行为、言语或_____方式贬低他人的_____、破坏他人名誉的行为；诽谤，是指无中生有、_____捏造虚假事实并进行散布，损害他人人格和名誉的行为。

  A 其他 人格 凭空   **B** 另外 人品 故意
  C 其余 尊严 纯属   **D** 剩余 品德 歪曲

63. 商品_____的位置要恰当方便。如果顾客拿着不方便，就会很_____，大大降低购买的_____。所以货架上陈列的商品与上隔板应有一段距离，便于顾客的手伸进去取放商品。

  A 摆设 灰心 期望   **B** 排列 绝望 热情
  C 安放 没趣 渴望   **D** 陈列 扫兴 欲望

64. 《量子物理史话》适合任何有中学_____物理概念的读者。_____您对科学和历史有一点儿兴趣，我们都诚邀您同行。_____，您将收获一次人生中难得的奇妙_____。

  A 基本 只要 或许 体验   **B** 基础 不过 然而 体味
  C 抽象 反正 回头 经历   **D** 简单 好在 就此 经会

65. 从_____上讲，他这个最具代表性的民营企业家尚缺乏驾驶这_____"企业巨舰"的正常心态和_____。当他从失败中得到深刻教训并经过深层反思之后，他便真正_____了起来。

  A 起因 只 认识 老练   **B** 根本 条 精神 老辣
  C 根源 艘 能力 成熟   **D** 来源 个 表现 成长

66. 天黑透了，刚下过雨的街道满是泥泞，他_____着烧得发烫的妻子，领着一双年幼的儿女，挨家_____着住处。所有能住人的地方都是同样的拥挤，阴暗_____的空间里，_____没有一个空余的床位。

  A 扶 探听 微小 仍然   B 盯 探问 广阔 可巧
  C 陪 咨询 粗陋 简直   D 搀 问询 简陋 甚至

67. 高科技企业在进行_____时，对要解决的问题_____有比较清楚的定位。因为高科技企业本身具有快速接受新事物的能力，_____对问题本身先进行思考，探索改进方案，这样的过程实际是对_____问题的进一步澄清。

  A 咨询 往往 惯于 面临   B 突破 不妨 在于 下列
  C 帮助 幸而 急于 焦点   D 变革 向来 安于 解决

68. 远远地，成片的油菜花_____入眼帘。一簇簇，一丛丛，在和煦的春风中，在_____的春光里，在散发着泥土香味的土坡旁，都有她们活跃的身影。在蓝天白云下，我会_____地爬上沟顶，或索性走进地里，近距离地接近她们，_____她们迷人的气息。

  A 飘 辉煌 一丝不苟 领略   B 闯 遥远 谨小慎微 体验
  C 映 明媚 小心翼翼 感受   D 扑 凋谢 战战兢兢 理解

69. 人类的各种活动会把废弃物排入大自然。人们也会毫无_____地通过食物链把有害物质摄入体内，癌症就选择这条途径暗自_____起来。有研究机构调查_____，淡水鱼已患癌症的约有300多种，在鱼体的任何部位都能观察到癌细胞。所以，_____子孙后代的健康，我们必须保护好环境。

  A 保留 埋伏 结果 鉴于   B 觉察 潜伏 发现 为了
  C 意义 躲藏 宣称 关系   D 节制 隐蔽 认为 虑及

70. 眉毛的作用很重要，它在眼睛的上方_____了一道天然屏障。当汗流满面时，眉毛能挡住汗水不流进眼睛；在灰尘扬起时，眉毛可把_____的灰尘挡住。可以说，眉毛是眼睛的第一道防线。拔眉的_____很多，汗水流进眼睛会引起炎症；细菌也会乘虚而入，使毛囊感染，_____引起蜂窝组织炎。

  A 造成 厚厚 缺点 悄然   B 产生 角落 害处 几乎
  C 形成 飘落 弊病 甚至   D 变成 不尽 例子 难怪

第三部分

第71-80题：选句填空。

71-75.

发明，其实并不高深，(71)_____。别人没有，而你能想到、做出来，也是发明。爱发明的人，也是热爱生活的人，范铁忠就是这样一位痴迷于发明创造的普通人。

范铁忠没事不打牌、不看电视，就喜欢在家里搞发明。老范的第一项发明是他还被称为小范时创造的，那时，(72)_____。他所在的食堂是七八个人负责三百多人的一日三餐。切菜是个大活儿，(73)_____。小范利用业余时间发明了切菜机，有了这台机器，原先三个人的活儿一个人就够了。

范铁忠是个细心人，(74)_____。为了节水，老范设计了节水型系列塑料盆，打破了圆形塑料盆的传统概念，分别依据厕所、厨房、淋浴间等不同水池的形状设计配套的塑料盆，使洗衣、洗菜、洗澡的废水便于留存，进行二次利用。马桶节水改造、厨房组合收纳盒、电饼铛增厚等小发明，老范都热心地教授给街坊四邻，(75)_____。

A 20多岁的他是食堂的炊事员

B 每顿饭都要三个人切上半天儿

C 以方便大家的生活

D 一个小小的改进就可能是一项发明

E 他的发明灵感大多来自生活

76-80.

华佗的父亲是位教书先生。一天，父亲忽然肚子疼，医治不及，去世了。母亲把7岁的华佗叫到跟前，流着泪说："今后咱娘俩怎么生活呀？"华佗想了想说："娘，不怕，城里药铺的蔡医生是我爸的好朋友，(76)_____。学医，既能给人治病，又能养活娘。"娘听了满心欢喜。

开始师傅让华佗跟师兄学抓药。(77)_____，铺子里的一杆秤你用完我用，华佗根本摸不着。华佗不愿把这事告诉师傅，弄得大家不和，于是他想了个办法：看着师傅药方的数量，(78)_____，心里默默记着分量，闲下时再偷偷将自己掂量过的药草用秤称一称，验证一下，天长日久，(79)_____。

一天，师傅见华佗抓药竟不用秤，抓了就包，很生气，责备华佗："我诚心教你，你却不长进，你知道药的分量拿错了会药死人的吗？"华佗笑笑说："师傅，错不了，不信您称称看。"蔡医生拿过华佗包的药，逐一称过，竟然分毫不差，(80)_____。后经查问，才知道事情的原委，感叹道："能继承我的衣钵者，必华佗也！"此后，便开始更用心地教华佗望闻问切。

A 我去求他收我做个徒弟

B 心里暗暗称奇

C 将师兄称好的药逐样用手掂一掂

D 师兄们欺负华佗年幼

E 手也就有准了

第四部分

第 81-100 题：请选出正确答案。

81-84.

妆扮成鬼神向来是人类活动的组成部分，被怪模怪样的鬼神吓一跳，真的是无害的吗？有研究表明：答案也许很可怕。

有心脏病专家表示：并非人人都能经受得住惊吓，面对突如其来的惊恐不能自己者中，轻者会出现健康问题，重者会导致死亡，心脏原本就有问题的人受到惊吓后出现死亡的可能性当然就更大。

道理是这样的：被吓死的可能性取决于人体的交感神经系统，它控制着战斗或逃跑反应，也就是人体的自然保护机制。当人面对生死攸关的情境时，这个神经系统会触发肾上腺素释放到血液中。肾上腺素的激增会引起一些变化，比如心率加速和心脏供血增加。但是，如果肾上腺素水平上升过多或持续时间过长，那就会导致心脏"过劳"，破坏组织或引起血管收缩和血压升高。这种反应可能会引起心脏病发作或中风，尤其是那些易患心脏疾病的人。一些有先天性心脏异常的人，在肾上腺素骤增的情况下，会心律失常，而心律失常则是致命的。

81. 人被化妆而成的鬼神吓一跳后：
    A 没什么关系　　　　　　　　B 会觉得后怕
    C 有的人扛不住　　　　　　　D 都会出现问题

82. 第2段画线词语"自己"的意思是：
    A 控制自己的感情　　　　　　B 熟知自己的能力
    C 了解自己的过往　　　　　　D 处理出现的情况

83. 被吓死的可能性取决于：
    A 平时的劳累程度　　　　　　B 人的交感神经系统
    C 人控制自己的能力　　　　　D 肾上腺素的分泌与否

84. 上文主要讲的是：
    A 鬼神与健康　　　　　　　　B 人的脆弱性
    C 人真能被吓死　　　　　　　D 心脏病与惊吓的关系

85–88.

"一本好书不仅包括文字讲述的内容，也包括通过纸张的凹凸起伏、深浅褶皱、冷暖色泽所表达的思想和感情。"我虽然酷爱书，但并不是一直怀有这样的感慨，应该说，这一感悟源自北京寸土寸金的南锣鼓巷中，源自一家叫作"敬人纸语"的店铺。

对于闲逛时偶然闯进"敬人纸语"的我来说，它不仅是一家纸材博物馆，更是纸文化体验中心。在这里，游人能够买到来自世界各国不同用途的纸张，参观有关书籍设计、纸张艺术的展览，还可以挑选自己喜爱的纸艺材料。在"敬人纸语"那间小小的手工教室，自己设计，自己动手，通过剪切折叠，体验化纸成册的过程，体验制作图书之美。

"敬人纸语"是由中国当代著名书籍设计家吕敬人先生牵头，致力于推动中国出版业、印刷业、设计业、包装业及纸材业发展的有识之士共同发起创建的。吕敬人认为，造纸和活字印刷是中国人的伟大发明，坚持手工制作图书也是对中国文化的坚守。如今电子书的兴盛反而促进了人们对纸质书籍的喜爱。现在越来越多的人找到"敬人纸语"要求定制书，正是因为纸质书籍的艺术性是电子书替代不了的。

85. 根据第1段，"我"的感悟是：
   A 文字美，书就美　　　　　　　B 颜色也表达情绪
   C "敬人纸语"主要经营黄金　　　D 书好不好不只取决于文字

86. 人们可以在"敬人纸语"做什么？
   A 拜师学艺　　　　　　　　　　B 休息住宿
   C 体验纸文化　　　　　　　　　D 自己当作者

87. 第3段画线词语"有识之士"的意思是：
   A 有眼光的人　　　　　　　　　B 爱学习的人
   C 互相认识的人　　　　　　　　D 充分了解的人

88. 以下哪一项是吕敬人的看法？
   A 纸制图书都应手工制作　　　　B 造纸和印刷技术急需改进
   C 电子书越来越受读者喜爱　　　D 电子书缺乏纸质书的艺术性

89-92.

<u>吐故纳新</u>是关乎生命的大事，三天不吃饭不喝水还能熬过去，三分钟不呼吸那就有生命危险了。

呼吸运动分为胸式呼吸和腹式呼吸两种，顾名思义，通过胸部呼吸肌的扩张和收缩的方式，以胸廓运动为主的称为胸式呼吸；胸部不动，通过膈肌升降的方式，以腹部运动为主的称为腹式呼吸。横膈活动每增加一厘米，可使肺的通气量增加三百毫升左右，因此，腹式呼吸能获得较多的肺泡通气量，从而减少能量消耗，提高氧吸入量。

一般情况下，胸式呼吸和腹式呼吸同时存在，只是以某一呼吸方式为主罢了。年轻人和女士以胸式呼吸为主，儿童和成年男子则多为腹式呼吸。某些疾病会改变人的惯有呼吸方式，比如肺或胸膜疾病可使胸式呼吸变为腹式呼吸，孕妇在妊娠后期也可能因某些不适使腹式呼吸消失。

中医向来推崇腹式呼吸，认为采用腹式呼吸进行身体锻炼，有病可治病，无病可防病，是祛病延年的良方。进行腹式呼吸锻炼，可先从仰卧位开始，当仰卧位熟练后再取立位或坐位进行，也可在散步时进行，起初每天进行两次，每次十到二十分钟，然后逐渐增加，长此以往，则功效显现。

89. 关于呼吸运动，下列说法正确的是：
 A 中医非常推崇腹式呼吸　　B 腹式呼吸比胸式呼吸普遍
 C 胸式呼吸的氧吸入量更高　　D 呼吸系统的疾病不可忽视

90. 关于进行腹式呼吸锻炼，下列哪些正确？
 A 应从坐位开始练习　　B 可在睡觉之前练习
 C 每天练习二十分钟　　D 长期练习功效显现

91. 第1段画线词语"吐故纳新"指的是：
 A 呼吸　　B 打扫
 C 更新知识　　D 锻炼身体

92. 最适合做上文标题的是：
 A 生命在于运动　　B 人为什么要呼吸
 C 医生这样告诉你　　D 腹式呼吸吐故纳新

93-96.

同仁堂，1669年开业，自1723年开始供奉御药，历经八代皇帝，共188年。在300多年的风雨历程中，同仁堂兢兢业业，苦心经营，成为享誉世界的"中华老字号"。

同仁堂这家百年老店越叫越响的秘诀何在？两个字——诚信。

"炮制虽繁必不敢省人工，品味虽贵必不敢减物力"是同仁堂的承诺，说白了，就是选药秉承地道、纯洁、上等的标准。例如，人参用吉林的、山药用河南的、枸杞用宁夏的、陈皮用广东新会的。僵蚕不能用僵蛹代替，即便是做大蜜丸的蜂蜜，也必须用河北兴隆的枣花蜜。

"仁者爱人，以人为本"是同仁堂世代坚守的价值观。"但愿世间人无病，哪怕架上药生尘"。同仁堂，一个"仁"字，写在牌匾上，也刻在人心里。"以义为先，义利共生"是同仁堂的古训，同仁堂坚信，只要利不要义的企业不会长久，同仁堂之所以能够屹立百年不倒，正是因为它不把眼睛紧紧盯在利益上。

"尊古不泥古，创新不离宗"是同仁堂坚持的原则，既尊重传统，又不被传统束缚；既大胆创新，又不离经叛道。以剂型改革为例，原先的大药丸子不好吃，吃药丸都得捏着鼻子，现在做成片剂、水丸、口服液、浓缩滴丸，吃下去就容易多了！有人将此事编成数来宝："同仁堂，想得好，要把丸药来改造。圆改扁，大改小，制成药片真是好。分量减，很轻巧，药效一点儿没减少。"

如今，同仁堂在全球共开办零售终端近2000家，开办医疗机构300多家，吸引了3000多万海外患者。同仁堂商标在世界50多个国家登记注册。同仁堂中医药文化、传统中药材炮制技艺、安宫牛黄丸制作技艺，被列入国家非物质文化遗产名录。许多海外游客到北京的"必修课"，除了登长城、吃烤鸭，就是参观同仁堂。

93. 根据第1段，下列哪项正确？
    A 同仁堂开业后一直顺风顺水　　B 同仁堂开业后就为皇帝提供药品
    C 同仁堂为宫廷提供了188年的药品　　D 同仁堂为八个朝代的皇帝提供过药品

94. 同仁堂的"诚信"体现在：
    A 选药从不凑合　　B 讲究物美价廉
    C 只用自己种植的药　　D 对替代品要求很高

95. 同仁堂是怎样坚守古训的？
    A 不取利忘义　　B 坚持用传统配方
    C 真诚热爱天下百姓　　D 落上尘土的药坚决不卖

96. 同仁堂的创新包括：
    A 让药变得可口　　B 让药吃起来容易
    C 同时办起了旅游业　　D 加强与医疗机构的合作

97-100.

近 60 年的太空探索，使地球轨道上留下了很多太空垃圾，小的像油漆斑点那么大，大的干脆就是没有了燃料的卫星"尸体"。据估计，目前这些太空垃圾数量 50 万有余，它们时不时地对国际空间站或卫星造成威胁，以前发生过碰撞和摩擦，未来的碰撞和摩擦也在所难免。

面对这一难题，太空探索领域创业机构——美国飞火太空系统（Firefly Space Systems），瞄准了太空垃圾回收项目，首席执行官汤姆·马库斯科认为，空间卫星可以回收，用于未来执行火星任务。螺母、螺栓和电子设备将来都是火星的"紧俏"物资。他建议将卫星"尸体"拖出地球轨道，之后将这些卫星"尸体"送往火卫一，在那里人们可以拆卸和使用这些"原材料"。马库斯科认为，由于这些卫星组件已在太空中，所以省去了从地面发射它们到太空的成本，可以将它们重新组装成去火星执行任务的飞船组件。

美国国防高级研究计划局（DARPA）也计划利用这些标准组件。DARPA 新的地球同步卫星自动服务（RSGS）计划将于 2021 年实施。该项目提出了自动服务飞船利用卫星"尸体"的四种方法：一是停靠卫星并对其做仔细检查；二是推动这些卫星到不同的轨道；三是利用其对太阳能电池板等组件进行修理；四是给它们装上新的传感器，使其焕发新的活力。

福绍是英国"去除杂物项目"的成员，他说："地球轨道空间是地球环境的一部分，清理太空垃圾是我们的责任。"确实，很多国家早就认识到了这一点，并萌生了对付太空垃圾的想法。

日本航天航空研究开发局 2014 年提出，使用电动系绳的电流来降低空间碎片或卫星的速度，使其在接近地球表面之前在大气层燃烧掉。

瑞士预计于 2018 年发射的改装型空中客车 A300 喷气式飞机将变成"清除太空"项目的技术演示航天器，它将与退役的瑞士"立方体"纳米卫星会面，并将其移出轨道。

97. 近 60 年太空探索的结果是：
   A 地球轨道油漆斑斑　　　　　　B 每年产生 10 万份垃圾
   C 国际空间站已燃料不足　　　　D 太空垃圾造成的威胁时有发生

98. 关于美国飞火太空系统首席执行官的想法，下列哪项正确？
   A 火卫一将建太空垃圾站　　　　B 螺母、螺栓现在在火星很抢手
   C 卫星"尸体"回收利用经济划算　D 废弃卫星可补充燃料重新执行任务

99. 关于 DARPA 的设想，下列哪项正确？
   A 将于 2021 年实施 RSGS 计划　　B 跟随卫星进行仔细检查
   C 优先维修卫星的太阳能电池板　D 对卫星"尸体"的利用分四步走

100. 哪个国家的办法最符合"废物利用"的原则：
   A 美国　　　　　　　　　　　　B 英国
   C 日本　　　　　　　　　　　　D 瑞士

三、书写

第 101 题：缩写。

（1）仔细阅读下面这篇文章，时间为 10 分钟，阅读时不能抄写、记录。
（2）10 分钟后，监考收回阅读材料，请你将这篇文章缩写成一篇短文，时间为 35 分钟。
（3）标题自拟。只需复述文章内容，不需加入自己的观点。
（4）字数为 400 左右。
（5）请把作文直接写在答题卡上。

1982 年 2 月，北京朝阳区，一个不起眼儿的个体小买卖"京时表店"悄然开张。如今，三十几年过去了，京时表店仍然是一间十多平方米的小房子，但墙上却挂满了镜框，里面镶着顾客写来的一封封各个时期的感谢信，密密麻麻。虽然店面简陋，但小店诚实守信、技艺精湛的传统成了顾客口口相传的"金字招牌"。

30 多年过去了，曾经获得无数荣誉的老店主刘品一先生已然辞世，他的女儿、年已花甲的刘宪平女士成了这里的店主兼"主力"。

修表是个精细活儿，刘宪平和儿子袁亮亲自动手，没有雇用其他人，因此小店只是在每天上午开业两个多小时。这两个多小时里，小店里笑声不断。"小伙子，这块表谁送你的？"刘宪平边修表边问。小伙子回答，一个好朋友。刘宪平戴着放大镜，笑眯眯地端详着手表里面那些精密零件，"记着啊，这种朋友得多交，这可是块好表呀。"逗得屋子里等待的客人哈哈大笑。

刘宪平不但修表，她更乐意教顾客怎样保养钟表。一位顾客问如何给自动手表上弦，刘宪平边笑边说："记住了啊，别拧发条，每天早上站好了，拿着手表贴着裤线抖手。"说着站起身给顾客示范，"我经常左右两手各拿四块表这么抖上十分钟。前些日子来个顾客，看我在这儿哆嗦，都快哭了，问我什么时候得了帕金森。"大伙儿哄堂大笑。她还不忘叮嘱一句，"记着啊，抖的时候，大拇指要按住表盘正面，别抖着抖着把表扔出去了。"严格说起来，两个多小时的营业时间里，刘宪平一半在修表，另一半则是给顾客们讲维护手表的知识。"我希望给您修一回手表，告诉您保养的知识，您就不再来找我了。"刘宪平说，"我这人太直，不会绕弯子，有时候看到顾客戴块贵表却不会保养，不上心，我都心疼。哈哈，可是顾客听了都挺高兴，他们觉得我说的是实话。"

刘宪平修过这样一块表。手表很普通，而且已经支离破碎。刘宪平认为没有修的价值了。可是，把表送来修理的女子非常坚持。她恳求说："这块手表原来戴在我丈夫手上，他是个出租车司机，在一场车祸中没了。当时，他的手腕上就戴着这块表。您就让它走起来吧，即便不准也无所谓，只要看见它还在走，我就觉得……"。不用多说了，刘宪平接下手表，经历了几个日夜，终于把这块手表修好了——并不是凑合着能用，而是完全"复原"了，可她一分钱都没收。

这样的故事在小店里数不胜数。

小店的玻璃窗上，贴着各种免费项目，包括拨快慢、装表针、做防水等。这些免费项目是 30 多年前老父亲开业之初定下的，一直延续至今。小店一直秉承着刘品一老人的教诲："搞个体经济不能钻在钱眼里。"

这就是京时表店，"金字招牌"的分量，您掂量出来了吧！

21 未来商店

听力文本

一、听力

第一部分

第1-5题：请选出与所听内容一致的一项。现在开始第1题。

1. 1997年，不安分的李长风突发奇想，宣布要造汽车。从这一年起，中国家用轿车的拥有量连年翻番。众多专家纷纷预言，中国的家用轿车时代已经到来。
2. 在我们的现实生活中，"用脚投票"原理极其简单：你搞不好、不公平，我就走人。例如，当股东们发现经理没有把企业经营好，企业的资产有可能贬值时，他们就会抛售股票，从而与该企业脱离关系。
3. 在着手进行休闲、观光方面的具体投资时，他发现：孤立的某一个娱乐项目难以吸引很多人，只有当一个地方风景优美、交通便利、饭店高档舒适、娱乐项目众多时，才可能吸引更多的游客。
4. 在超市，如果顾客结账需要排队等候很长时间，他们就会失去耐心，一走了之，但如果开设很多收款台却少有人光顾，则又会导致成本提高。"排队模型"就试图为这个问题找到一个最好的解决方案。
5. 上中学时，爱因斯坦很喜欢数学。一次，叔叔给他讲了勾股定理的来历后，问爱因斯坦能不能试着证明它。爱因斯坦决定试一试。眼看着运算的草稿纸越积越厚，找到正确的证明方案却并非易事，但他没有动摇，20多天后，他终于拿出了正确方案。

第二部分

第6-10题：请选出正确答案。现在开始第6-10题。

第6-10题是根据下面一段采访：
女：欢迎经济学者纪老师做客网络空间。纪老师，您好，我们常看到"分享经济"这个词，您能否详解一下分享经济的由来？
男：最早提出分享经济的是美国经济学家威茨曼撰写的《分享经济》一书。作者针对的是20世纪70年代出现的"经济滞胀"。作者认为产生经济滞胀的原因是工资结构不合理，提出以分享制度代替工资制度。在实践中，分享经济形成了两种不同的模式：一种是欧美的通过股权制度让工人参与企业收入分配的模式，另一种是日本的通过企业文化和管理制度让员工参与企业管理的模式。
女：在我们的生活中，分享经济有哪些呈现方式？
男：最典型的是有偿分享模式、对等分享模式、劳务分享模式、众筹分享模式。有偿分享是

指把自己剩余或暂时不用的物品分享给别人使用，收取租金。

女：比如说我去旅游，不想住酒店，我就上网查找住宿信息，一旦和房主达成一致，就可以实地入住、网上结算了？

男：对，就是这样。

女：对等分享模式呢？

男：顾名思义，就是双方互相交换使用财产，不向对方支付报酬。

女：我们的"城乡儿童互换生活环境体验成长快乐"活动算不算？

男：当然算，最近几年这种活动已经成为许多学校教育的重要内容，它分享的不仅仅是双方对等交换的环境，还有双方情感和文化价值的体验。

女：劳务分享模式就是对大量没有充分利用的劳务资源的分享吧？

男：是啊，现代分享经济中，人们不仅可以出售自己多余的物品，还可以出售多余的时间。美国有一家创业公司，凭1小时送货上门服务取得了成功，它就是通过互联网，把分散在社区居民中的剩余时间利用起来，实现一小时送达的承诺。

女：众筹分享模式就是指大众筹资或群众筹资了吧？

男：对，当然现代众筹是指用互联网平台进行资金筹集。而且，现代众筹筹资目标也包含了分享投资对象，不纯粹是为了筹集资金。

6. "分享经济"是在什么背景下产生的？
7. "有偿分享模式"的主要特点是什么？
8. "对等分享模式"的主要特点是什么？
9. "劳务分享模式"的主要特点是什么？
10. "众筹分享模式"的主要特点是什么？

第三部分

第11–17题：请选出正确答案。现在开始第11–13题。

第11–13题是根据下面一段话：

在相当长的一段时间内，人们总爱用"大鱼吃小鱼"来形容市场竞争的残酷性，并似乎形成了约定俗成的共识。眼下，这种说法却悄然发生了改变。因为，当今已步入知识经济年代，市场瞬息万变，信息日新月异，思维迟钝、行动缓慢的大鱼未必吃得了头脑睿智、动作迅速的小鱼，所以出现了"快鱼吃慢鱼"的现象。其寓意是在强调随时调整思路适应市场变化的重要性，同时给做事一成不变、疏于创新的人敲响了警钟。事实上，不变意味着落后，落后就要挨打，照此下去，终究会被市场所淘汰。

11. "大鱼吃小鱼"用来说明什么？
12. 如今的市场竞争出现了怎样的新现象？
13. 说话人认为市场竞争中的强者是什么样的？

第14–17题是根据下面一段话：

随着天气转暖，冰品、饮品市场又火了起来。冷柜里五颜六色的冰激凌款式繁多，有几年前风行起来的怀旧雪糕，也有好玩儿的新面孔，新款冰激凌包装纸上的猴子、兔子、小松鼠等动物形象保管能唤起你的无限童心，粽子雪糕外面再裹上一层巧克力的中外混搭口味，肯定能让男女老少个个胃口大开，商家对消费者的体贴从观感到口味，可谓无微不至。冰激凌产品正从原来较为单纯的降温、好吃，向健康和完美口感的市场需求转变。

　　论价格，也是高低档次都有，你要是嫌三四元的档次低，有15元的脆筒冰激凌、48元的水果冰激凌，环保人士还可选择60元的环保盒装冰激凌。

　　中国已经成为全球最大的冰激凌市场。2015年中国冰激凌销售总额为393亿元，同比微增0.66%，利润为20.1亿元，同比下跌超过9%，这说明冷饮经营也绝非易事，虽然全年营收略有上升，但整个行业利润却有一定下滑。我们不禁会想到，在欣欣向荣背后，行业竞争正在加剧。

14. 前几年市场上流行什么样的雪糕？
15. 如今消费者对冰激凌的需求是什么？
16. 小学生最可能会选择哪种冰激凌？
17. 根据这段话，可以知道什么？

参考答案

一、听力
　　1-5： C D B D B
　　6-10： D A D B C
　　11-17： D A C A D C B

二、阅读
　　18-20： B B A
　　21-23： D A C
　　24-28： D A C E B
　　29-36： A C B C A C B C

22 2050年的汽车什么样

听力文本

一、听力

第一部分

第1-5题：请选出与所听内容一致的一项。现在开始第1题。

1. 改变农村落后面貌，建设小康村是一项系统工程，各级干部必须全身心地投入，全方位地服务，不仅要为条件好的村"锦上添花"，更要为基础差的村"雪中送炭"。
2. 2010年，北京某出版社为了策划"四书五经精选"系列图书，设计了一个采访题目："中国人你知道'四书五经'具体是哪些书吗？"采访一天以后，他们发现被采访的人中十之六七不能全部说出来。
3. 青少年都有自己的兴趣爱好，这些兴趣和爱好若能及早得到培养，就能形成特长。老师根据学生的爱好，有意识地加以引导，学生就可能在自己爱好的领域施展才华、发展特长。
4. 从人类诞生的那一刻起，动物就成为人类密不可分的伴侣。在人类寂寞而漫长的进化行程中，动物像忠实的朋友一样始终陪伴左右，然而，作为和人一样有生命有感觉的存在，它们却一直被排除在人类的伦理视野之外。
5. 燃煤会产生二氧化碳和二氧化硫，二氧化碳积聚在地面，会像玻璃罩一样，阻断地面热量向空中散发，使地球表面温度升高，形成"温室效应"。"温室效应"会使全球气候异常，引发干旱或洪涝，还会使冰山融化，海平面升高，海拔较低的国家或岛屿就会被淹没。

第二部分

第6-10题：请选出正确答案。现在开始第6-10题。

第6-10题是根据下面一段采访：

女：各位网友大家好。今天来到现场的是我们的同龄人丁然，他将跟我们聊聊他的职场经历。他在一家公司工作，到这家公司之前，他跳槽5次，换过6家公司。他从来没见过一家公司像现在这家这么穷，也没见过一家公司有这么多笑声。当初他毅然落脚在这家公司，就是对那么多同事为什么能悠然自得地待在这家有欠薪记录的公司里十分纳闷，没想到的是，现在他也成了他们中的一员。丁然，能不能给我们介绍一下你们公司？

男：这家公司算上老总和他的助理共24个人。没有司机，没有清洁工，没有自己的保安。偶尔会开不出支，但最迟三两个月就能补上，绝不少发。就是这么一家亏损的小企业，员工却十分稳定，三年来只有两个人离职。

女：哦，企业日子过得也很节省吧？

男：是啊。为了省钱，办公用纸要双面使用，之后会收集起来卖废品；圆珠笔没水了，就去办公室更换笔芯。
女：好多公司都有集体活动，什么卡拉OK、自助餐，甚至出国旅行，你们有吗？
男：只有一次，老总决定带大家去植物园踏青，说是健康又环保，关键是省钱，植物园门票便宜。就这，老总还千叮咛万嘱咐，别买他的票，他自己有公园年票。
女：你们公司除了穷，还有什么特殊之处啊？
男：公司虽然穷，但业务应酬不少，时不时就能收到客户送来的各式礼物：水果、月饼、洗发水、饮料之类的。无论收到什么，通常的做法就是充公。于是我们每人的桌子上就会有几个水果、两瓶饮料，要是有了月饼，嘿嘿，那就得看谁眼疾手快了。
女：嗯，单位气氛好，老总还真没架子哈。
男：记得有一次我生病，副总和同事一个月来了三次，买的补品和水果价钱不高，却全都对症适用。他们都是细心温暖的人。
女：这样的工作环境，确实会让人心情愉快。
男：其实心情是小事，关键是我认准了，一个内心积极温暖的人，一定会有光明美好的前途，所以我看好我们的公司。

6. 关于男的的职场经历，下列哪项正确？
7. 最初男的为什么选择了现在这家公司？
8. 关于这家公司，下列哪项正确？
9. 生病的经历让他有了怎样的感触？
10. 男的看好这家公司的理由是什么？

第三部分

第11-17题：请选出正确答案。现在开始第11-13题。

第11-13题是根据下面一段话：

自世界上第一辆自行车问世至今已有200多年的历史了。

18世纪末，法国人发明了最早的自行车。它是木制的，结构比较简单，不能转向，骑车人用双脚用力蹬地前行，改变方向时也只能下车搬动车子。即使这样，当发明人骑着这辆自行车出现在公众面前时，在场的人仍十分惊异。

世界上第一批真正实用的自行车出现于19世纪初。1817年，德国人在法国巴黎发明了带车把的木制两轮自行车，它最大的进步是可以改变方向了，它一问世便引起了人们极大的兴趣，之后不仅有成百上千辆自行车涌上了街头，法国政府还为邮差配备了自行车作为交通工具。

随后，自行车的技术、性能不断得到改进。1839年，英国人发明了蹬踏式脚蹬驱动自行车，骑车时两脚不用蹬地，并提高了行驶速度。1869年诞生的雷诺型自行车，车架改由钢管制作，车轮也改为钢圈和辐条，采用实心轮胎，自行车更加轻便了。1887年，英国人劳森完成了链条驱动自行车的设计。同年，英国人研制出了充气轮胎。从此，自行车技术开始走向商业化，实现批量生产并投入市场。

11. 世界上最早的自行车出现在街头时，人们是什么态度？
12. 哪国人发明了自行车？
13. 英国人在哪方面对自行车的发展做出了贡献？

标准教程 6（下）练习册　听力文本与参考答案

第 14-17 题是根据下面一段话：

你想知道我设计的未来汽车什么样吗？让我来告诉你吧！

这款汽车是水、陆、空三用车。它不用汽油，而是以太阳能做燃料，当然它也不排放有害气体。形容它的速度，"奔驰""驰骋"这样的词汇都用不上了，它的速度和光的速度差不多。这种汽车没有方向盘，只有一块超薄屏幕，显示着你所在的方位、本地区的交通要道和世界各地的地图。当然 GPS 导航系统是必不可少的，只要你说出自己想去的地方，汽车就会把你送到目的地。

这款车在行驶过程中能自动调节车速以及车内温度和光线，前方出现阻碍，它会自动避开，因此在陆地上行驶它安全可靠。下雪天，汽车会伸出两根滑板，这样在雪地里它也是来去自如。

在空中飞行时，它平稳无噪声，就像坐在自家的沙发上一样，对了，它还能够像直升飞机一样升降。

在水面上行驶时，车的轮胎会自动变大，浮力也随之变大，速度可达每小时 5000 海里。想拥有一辆这样的车吗？这并不难，我发明的这款车物美价廉，人人都买得起。

14. 这款未来汽车的燃料是什么？
15. 这款未来汽车的速度怎样？
16. 这款未来汽车还有什么优点？
17. 根据这段话，可以知道什么？

参考答案

一、听力
  1-5：A C D D C
  6-10：B C A B D
  11-17：B A A C B D C

二、阅读
  18-20：A A D
  21-23：B D A
  24-28：D E A B C
  29-36：B D A C C C B C

23 大数据时代

听力文本

一、听力

第一部分

第1-5题：请选出与所听内容一致的一项。现在开始第1题。

1. 对于劳资纠纷，最好的解决方案是在劳资之间建立和谐的关系，最大程度上避免或减少劳资纠纷的发生，或者至少把劳资之间的矛盾化解在萌芽状态，使其不致发展成为"纠纷"，这才是企业管理的上策。
2. 普通牙膏中含有冰片、丁香油、薄荷脑等，具有防治口腔疾病的功效。而有些药物牙膏有较强的刺激性，对口腔黏膜有损害；有的药物牙膏含有活性较强的染色素，用久了会污染牙面，因此使用药物牙膏要慎重。
3. 导演40多岁，黑黑的脸，像所有的导演一样，下巴留着胡子，脸上很少有笑容。他匆匆向我交代了几句就说："开始吧！"顿时，房屋里的灯光全都打开，我被照得有点儿晕，接着看到这么多人看着自己，我顿时紧张了起来。
4. 先前发生的事件与后来发生的事件之间往往有着千丝万缕的联系，甚至是后来发生事件的根源或条件。但是由于历史记录不全、事件之间的关系错综复杂，往往使得因果分析变得困难而复杂。
5. 她两眼茫然地盯着前方，为自己如此草率的远行而担忧，不知道刘大明会不会来接她。忽然，她的眼前一亮，她被一大捧鲜艳的红玫瑰吸引住了，她以万分艳羡的目光盯着那些红玫瑰，她没想到，红玫瑰的后面竟然是刘大明的一张微笑的脸！

第二部分

第6-10题：请选出正确答案。现在开始第6-10题。

第6-10题是根据下面一段采访：

男："社交离线日，出来分享才开心"主题活动至今已经举办多次了，作为心理专家，您对这个活动有什么看法？
女：飞速发展的社交网络，简化了人们的沟通，却解决不了人与人之间内心的情感需要。今年的活动进一步号召人们行动起来，希望更多的人能够暂别网络，关注面对面交流，分享真实沟通带来的幸福体验，绝对是一件好事。
男：其实线上交流也是交流，难道二者有什么差别吗？
女：社交网络打破了时间和空间的壁垒，但也为社会带来了不小的影响。这样的社交模式，催生了"新型社交人类"。例如，亲朋聚会，"新型社交人类"手机不离手，一道美食上

桌，他们先要拍照并通过社交媒体分享，然后期盼着别人点赞和评论，反倒冷落和忽视了身边的人。这一情景折射出的是"新型社交人类"过于在乎创造未来的幸福感，而缺乏聚焦当下、感受当下幸福感的能力。

男：嗯，过分依赖线上交流，可能导致这类人群无法应对现实生活中的人际问题。

女：不仅如此，大家公认的是，面对面交流是复杂、高层次的，更能考验一个人的人际交往能力。面对面的交流要求人身心投入地对待彼此，线上交流的隐患就是不需要这种对人内心情感的体察与维护。

男：嗯，有道理。

女：适度离线，不要过度依赖网络，在真实的世界里进行互动分享、情感经营，是克制网络迷恋的切实可行的理性选择，也是长远幸福的重要源泉。

男：您说的是"情感经营"？难道情感还要"经营"？

女：是啊，人与人之间的情感是需要经营的，这种说法并不荒谬。这在面对面交往中体现尤为真切。比如，与人交往要真诚，要用心，要懂得彼此珍重。但人与人之间总会有磕磕碰碰，这就需要磨合。相处久了，彼此熟悉了，也就有了相处之道。在这个过程中，人要不断自省，要提高自己的修养和涵养，如果一个人能使对方因为拥有你而感到自豪，就是你人生最大的成功。

6. 女的对这项主题活动的看法，下列哪项正确？
7. 线上交流和面对面交流的差别是什么？
8. 过分依赖线上交流，可能导致什么问题？
9. 关于"经营情感"，下列哪项正确？
10. 这次主题活动希望人们做什么？

第三部分

第 11-17 题：请选出正确答案。现在开始第 11-13 题。

第 11-13 题是根据下面一段话：

时至今日，《大数据时代：生活、工作与思维的大变革》仍是全世界最好的一本大数据专著。其作者之一是维克托·迈尔-舍恩伯格，大数据时代的预言家，《科学》《自然》等著名学术期刊最推崇的互联网研究者之一，有在哈佛大学、牛津大学、耶鲁大学和新加坡国立大学等多个互联网研究重镇任教的经历。

《大数据时代：生活、工作与思维的大变革》一书的两位译者中，有一位是我国最年轻有为的大数据专家，年仅 27 岁的周涛教授，数年来他一直带领我国学术界在大数据研究上向国际一流水平看齐。

11.《大数据时代：生活、工作与思维的大变革》是一本什么样的书？
12. 关于周涛，下列哪项正确？
13. 这段话主要谈什么？

第 14-17 题是根据下面一段话：

判断一个东西是不是脏，不仅要看其表面上的细菌数量，还要看上面的致病菌数量，因为致病菌的毒性要远远高于普通细菌。

电脑键盘和没有清洗的鞋子，哪个更容易滋生细菌呢？为了找到答案，有人对一双穿了半年左右的运动鞋和一个用了半年多的电脑键盘上面的细菌数量进行检测对比，结果发现，两件样本都有大量的细菌存在，而键盘上的菌落数量是运动鞋的65倍，需要注意的是，键盘上还发现了真菌。为验证键盘和运动鞋中是否存在致病性极高的金黄色葡萄球菌，实验员用试纸进行了测试，幸运的是，测试结果均为阴性，运动鞋和键盘上并没有发现这种细菌。

实验结果显示，运动鞋前脚掌处的细菌数量远不如键盘上的细菌数量多。电脑键盘因为数字键不常使用，其菌落数远远低于字母键盘。

专家建议，电脑键盘每两周用酒精擦拭一次，可有效消灭细菌；清洗运动鞋时一定要注意鞋子内部的清洁，清洗之后，可在阳光下进行暴晒消毒。

14. 根据这段话，下列东西哪个最脏？
15. 关于运动鞋和电脑键盘细菌检测的对比结果，下列哪项正确？
16. 实验结果显示，最脏的是什么部位？
17. 关于专家建议，下列哪项正确？

参考答案

一、听力

    1-5：C B D B A

    6-10：A A D C B

    11-17：B B B D B C A

二、阅读

    18-20：D A C

    21-23：B A D

    24-28：B D E A C

    29-36：B A D A B C D C

24 体育明星们的离奇遭遇

听力文本

一、听力

第一部分

第1-5题：请选出与所听内容一致的一项。现在开始第1题。

1. 在原始社会，生产力水平低下，人们为了获取食物、防御自然界的危险和侵袭，必须集体行动、共同协作才能生存下去。对集体的依赖性强化了人们的群体意识以及与集体同生共死的观念。
2. 老话说得好，当一个人变为两个人，两个人守护着一个共同的家，就必须各尽其责，关心对方、体贴对方、照顾对方、理解对方。美满的婚姻应该是两颗心的相守相依，两个人情感的互相给予。
3. 暴发户文化最大的特征就是附庸风雅。暴发户的文化水平没有到，可是经济水平超过了，因此他会花很多冤枉钱，做很多冤大头的事情。比如说到哪儿都摆阔，房间里弄得金玉满堂，十分俗气。
4. 那些学贯古今的大学者，何不编写一册通俗的传统文化读本？不要长篇巨制，那是成心不让人读；不要东拼西凑，那样不值得读。只要以成熟的态度，把古人的生存方式、智慧、经验、得失告诉我们，就像一册新时代的《三字经》，岂不是好事！
5. 她能说善辩，适合当律师。在课堂上，她们做过模拟律师辩护项目，她的表现极其出色。可她读过许多美国名律师写的小说，她知道律师们要想赚大钱就要为有钱有势的人打官司，她不想被钱、权、势所左右，所以她不想当律师。

第二部分

第6-10题：请选出正确答案。现在开始第6-10题。

第6-10题是根据下面一段采访：
女：您今天能不能就马拉松这个话题和我们聊聊。
男：马拉松运动起源于一个古老的故事。公元前490年，波斯军队入侵希腊，在雅典城东北的马拉松平原登陆，准备攻打雅典。当时雅典将军手下只有1万多人，面对的是10万装备精良的敌人。雅典士兵拼死奋战，结果他们赢了。雅典统帅大声喊道："我们应该立刻把消息传送给雅典人民，从这儿到雅典有很长的一段路，谁能去？"刚从战场上回来的菲迪皮德思说："我能，我跑得比谁都快！"接着他就奔赴雅典城。当到达雅典的时候，菲迪皮德思已经筋疲力尽，他高喊出"高兴吧，我们胜利了"，就永远地倒下了。
女：很感人的一个故事，那这个故事怎么就变成了一项运动呢？

男：1896年，第一届奥运会于雅典召开前，法国人米歇尔·布雷尔向现代奥林匹克运动的奠基人顾拜旦建议，增设一项以马拉松命名的长跑赛，以纪念马拉松战役和菲迪皮德思。希腊奥组委接受了这一建议，马拉松这个名词第一次出现在国际体坛。

女：那马拉松长跑跑的是什么路线呢？

男：就是昔日菲迪皮德思跑过的从马拉松到雅典的路线。

女：那之后呢？

男：之后几届奥运会的起点和终点都是组织者根据当地情况决定，长度也各不相同。直到1908年英国主办奥运会时，马拉松长跑总长度定为42.195公里，以后马拉松比赛的正式距离就以此为准了。

女：这项比耐力、比速度、比技能、比拼搏精神的运动一定有很多有趣的故事吧？

男：是啊。我最喜欢的是首届奥运会马拉松冠军的故事。比赛那天酷热难耐，路上灰尘满天，比赛的艰苦无法形容。希腊人路易斯第一个冲入运动场，全场欢声雷动，此时冠军已无悬念，担任总裁判的希腊王储情不自禁地陪着路易斯冲击终点。一束束鲜花，一件件礼物，投向人们崇拜的英雄，甚至有人高呼："让他当部长！"

女：后来呢？

男：后来，他获得了希腊民族英雄的称号，仍然回到了偏僻的家乡，继续当他的乡村邮递员，和妻儿一起过着清贫的生活。

6. 马拉松作为一项体育运动，是哪一年开始的？
7. 关于马拉松运动的起源，下列哪项正确？
8. 在奥运会上设立马拉松长跑项目是谁提出的？
9. 关于今天奥运会马拉松长跑总长度，下列哪项正确？
10. 根据这段采访可以知道什么？

第三部分

第11—17题：请选出正确答案。现在开始第11—13题。

第11—13题是根据下面一段话：

趣味体育是近年新兴的体育活动，其运动方式没有传统运动那么正式，它以趣味为主，注重娱乐性与大众性；没有传统运动那么严格，它以体验为主；更不需要那么严格的选拔，它属于有兴趣参加的每一个人。它可以在乡间，也可以在高楼之间，甚至在小区的小院里都能举办，比赛的内容也不需要你具备什么天分，更不必提前多少年去接受专门训练。

趣味体育同样可以强身健体，使大家形成终身体育的意识；趣味体育可以娱乐大众，使没有体育专长的人也能体验到体育带来的快乐；趣味体育以集体项目居多，可以锻炼参赛者的团结协作意识和竞争拼搏精神。

11. 趣味体育比赛项目的设计有什么特点？
12. 趣味体育的作用是什么？
13. 根据这段话，可以知道什么？

第14—17题是根据下面一段话：

世界杯刚一落幕，老球迷就在微博上怀念起旧时足球解说员来了。

1978年之前，中国还是收音机时代，那时候不是"看足球"，而是"听足球"。因为足球

比赛信息量大且有规定时间,加上比赛情况瞬息万变,所以当时解说的语速都很快,像足球在场上的速度那么快。

电视时代到来后,足球解说也悄然变化。第一代解说以宋世雄、韩乔生为代表,语言上已相对活泼一些了,而且开始引入解说嘉宾这一概念,并尝试在解说中提供更多背景信息。

黄健翔是第二代解说的代表。他把重心放在掌握更多资讯上,同时注重给观众一种现场感,由于是现场解说,解说员自然也会更有激情。

近年来被称为文艺青年解说员的贺炜给人们留下了深刻的印象。他语言充满艺术性,被球迷称为"诗人"。解说时这位新生代解说员声情并茂,遣词用句常在观众意料之外,有人评价他的解说专业客观,又能使人得到一种艺术的享受。

14. 1978年之前,中国足球解说有什么特点?
15. 第一代电视足球解说有什么特点?
16. 第二代电视足球解说有什么特点?
17. 贺炜为什么被称为文艺青年解说员?

参考答案

一、听力

    1-5: C C C A A
    6-10: B C D D A
    11-17: D B C B D C D

二、阅读

    18-20: D A D
    21-23: B A D
    24-28: A E B D C
    29-36: C C B A C A B D

25 草船借箭

听力文本

一、听力

第一部分

第1-5题：请选出与所听内容一致的一项。现在开始第1题。

1. 中医的秘方特别有趣。老百姓都有这样的概念，说秘方往往是中医家族里边最核心的机密，要保密，坚决不能告诉别人，都是在自家枕头底下藏着或者在保险柜里锁着的。
2. 她准备敲舱门的手久久举着，如同蟠桃园里被孙悟空施了定身法的瑶池仙女。直到有人从船舱另一侧走来，她才醒过神来，急匆匆地返回自己的舱里，趴在铺上牙咬枕巾哭泣起来。
3. 母亲双手合十，深深地低下了头。父亲缓慢地站起身，虽然热泪盈眶，却微笑着回过身来，抬起手给了儿子一记响亮的耳光，说道："去了这么长时间！你这个调皮鬼，还记得有家！"
4. 陶侃手下的一些官吏喜欢喝酒，往往因此误了公务。陶侃知道了非常生气。他吩咐人把酒器一股脑儿扔到江里去，还把那些官吏鞭打了一顿。从此以后，大家都吓得不敢再喝酒了。
5. 沃尔特的得力助手尤布很欣赏这只叫米奇的老鼠，他认为它的表情有点儿像沃尔特本人。沃尔特和尤布抓紧时间进行米老鼠的设计。他们避开其他画家们，躲到沃尔特家后面的一个车库里工作，为的是不走漏一点儿风声。

第二部分

第6-10题：请选出正确答案。现在开始第6-10题。

第6-10题是根据下面一段采访：

女：有报告显示，当前中国移动阅读用户规模已经达到2.42亿，移动阅读、电子阅读正成为当下国人阅读的新常态。张老师，您对此怎么看？
男：我想，我们应该想清楚一个问题：读书对人生究竟意味着什么？
女：您是怎样阅读的？
男：我阅读也有一个变化过程的。我40岁之前，看的都是书本，是一个标准的书本族；2000年以后，我开始渐渐习惯在电脑上阅读，尤其是开通了微博以后，我花在电脑上的时间越来越多；接着又有了微信，一开始也是觉得好玩儿，渐渐发现自己离不开手机了，不知不觉中变成了一个手机族。
女：您还是挺顺应时代潮流的呀！
男：这样的生活让我产生了一种恐惧，我发现自己没有了读书的时间。而且，这些微博、微信上的内容大多都是"信息快餐"，90%的内容看完就忘记了，为了记住10%的东西，而浪费了90%的时间，于是我逼迫自己回归书本。

女：您的做法是？
男：我给自己立了个规矩，每天只在"垃圾时间"里看手机，剩下的时间还是读书，而且要说话算数。
女：为什么这样呢？怎么阅读不是阅读啊？
男：不一样。人们通过微信、微博阅读到的大多是资讯，而不是知识。手机阅读很轻松，但仅仅是表层阅读。表层阅读愉快，不怎么需要你思考，激起某种情感就过去了。
女：那么，书本阅读应该称为深层阅读了？
男：可以这么说。我们读书大多读的是知识，知识是完整的，它有一个体系，以一套系统来解释世界，它不是以碎片的方式存在的，我们阅读的时候是要静下心来细细思考、理解、消化、沉思的。

6. 对于当下国人阅读的新常态，张老师怎么看？
7. 关于张老师，下列哪项正确？
8. 张老师因为什么恐惧过？
9. 关于表层阅读和深层阅读，下列哪项正确？
10. 根据上文，阅读对人生究竟意味着什么？

第三部分

第11-17题：请选出正确答案。现在开始第11-13题。

第11-13题是根据下面一段话：

"哎呀！哎呀！哎呀！疼，疼，疼。你轻点儿，医生。"医生有些不耐烦，态度有点儿冷淡："怎么了？还男人呢，有什么好叫的，这点儿疼都受不了，干脆回去得了！"

医生走了，护士进来了，准备给烂脚的病人清洁包扎、消炎打针。

"护士你轻点儿，刚才的医生手太重。"病人向护士告状。护士说："那医生是我们医院最好的，那样的医生你都受不了，我是新手，你更得疼了。你就忍着点儿，不疼就不会来医院了。"

年轻的女护士纤细的手轻轻地触摸一下伤口的周边，开始擦洗血迹。病人似乎显得没那么痛苦了。

护士明白病人的心理：男人在男人面前会说真话，在女人面前却会装英雄。医生进来观察着病人，心里暗暗发笑："同性相斥，异性相吸，果真如此！"

护士把伤口弄妥当了，病人似乎还沉浸在享受当中。他想："我怎么啦！医生清理伤口时，我觉得那么疼，护士清理伤口时，我怎么有种幸福感啊！"

11. 关于男医生，可以知道什么？
12. 关于女护士，可以知道什么？
13. 根据这段话可以知道什么？

第14-17题是根据下面一段话：

罗伯斯决定离家出走。他烦死了，妻子整天唠叨。他想起了初恋女友约梦，便信步来到了约梦的家门口。

约梦30多岁时死了丈夫，至今单身一人。罗伯斯老觉得对不起她，转眼就是20年。梦一样的约梦依然年轻、漂亮，一点儿也不像50开外的人。罗伯斯凝望着她，心里尽是疑惑：

约梦没有伤感,没有唉声叹气,话里话外都是生活的美好。

谈话快要结束时,罗伯斯忍不住问她:"你过得好吗?""当然!"约梦没有半点儿迟疑。"你不怨恨吗?""过去的事都是我的财富。生活给了我不想要的,也给了我想要的。杰克也有毛病,他脾气暴躁,从不让着我,还曾经有个相好的,我跟他吵过,为难过他,可细想起来,他优点也不少,有一次我拉肚子,他半夜陪我去医院。后来我才知道,他那个'相好的'生活特别艰难,杰克是在帮她。"

在罗伯斯快要离开时,约梦拿了本书送给他,封面上是约梦和杰克的照片,书名很别致:《一只眼睛看爱人》。

"谢谢你的款待!"罗伯斯像做梦一样离开了约梦的家,毫不犹豫地朝家走去。

14. 关于罗伯斯的妻子,下列哪项正确?
15. 罗伯斯看到约梦时,为什么心里尽是疑惑?
16. 关于约梦的丈夫,下列哪项正确?
17. 罗伯斯从约梦那里得到了什么启示?

参考答案

一、听力
  1-5: A A B A C
  6-10: A A D B B
  11-17: D A D A D B C

二、阅读
  18-20: A B D
  21-23: D A C
  24-28: E C B A D
  29-36: D A C B D A D D

26 奇异的灯光

听力文本

一、听力

第一部分

第1-5题：请选出与所听内容一致的一项。现在开始第1题。

1. 也许有人问，全国方言这么复杂，几万字的一本小书，够用吗？我们认为，在茫茫大海中，渔网再大，也会有漏网之鱼。我们的网打算只捞与普通话不同的鱼。
2. 许大夫治病往往是一服药见效，三服药病就好，这种高手给人看病，我们觉得花多少钱都值。当碰上瘟疫来临的时候，许大夫就会拿上药挨家挨户去敲门，有患者马上免费治疗。
3. 儿童情感起源于父母的抚爱和家庭温馨气氛的熏陶。如果在家庭中父母能互敬互爱，和睦相处，善于处理好自己的情绪，孩子就能够获得爱和尊重，快乐健康地成长。
4. 《城南旧事》是中国新时期电影中少有的"言志"作品。这部弥漫着"淡淡的哀愁、沉沉的相思"的电影，用非常物质的东西编织出诗意的世界，又不失现实的真。
5. 中国是一个人均占有自然资源比较贫乏的国家，水资源、能源的危机随时都在冲击和影响一些企业的经济生产，同时森林资源人均占有率也不高。保护环境，充分利用有限的资源条件创造更多的社会经济效益，是每个企业应负的社会责任。

第二部分

第6-10题：请选出正确答案。现在开始第6-10题。

第6-10题是根据下面一段采访：

女：深圳显然是腾讯诞生的福地。如果当年的创业地址不是在深圳，挪个地方，您觉得今天又会是什么情形？

男：腾讯离不开深圳。对比中国的其他城市，我觉得深圳总体的创业环境还是更适合自主科技创新型的中小民营企业发展并取得成功，这一点毋庸置疑。那时候深圳的口号是"时间就是金钱，效率就是生命"。第一次听到这话，我真的很震惊：金钱居然可以拿来当口号提！但它的确会让人们对时间、效率的迫切感前所未有地提升。

女：您如何看待今天长大成人的腾讯？

男：我觉得机遇很重要，至少占了五成吧。我们也不觉得自己特别聪明，我们做的东西都很简单，大家都能做。但是好的团队、公司的股份结构和投资者的合理搭配，这是很重要的，否则也不会成功。当然，时代的因素也是非常重要的，很多机遇是外界给予的，我们觉得很幸运。

女：深圳汇聚了很多和您一样的知名企业家。在这个城市，您有什么感触？

男：深圳跟其他城市还不一样，那些地方要么有政策，要么有别的条件，在客观环境下能做起来，在深圳企业完全是靠自己做起来的。这里是创业的热土，相信创业者的这种感觉会强烈得多。这里需要有创业的心态，需要有闯劲儿，需要珍惜时间。

女：在闲暇时，您也会在这座城市的某个角落欣赏它的景致，或者享受某个美食城的招牌菜，或者看一场电影，过一下普通市民的生活吗？

男：我本来就是普通市民。平时我就是上网、看看杂志、看看书。QQ和互联网对我来说已经不是工作了，更多的是一种爱好，是我生活的一部分。

6. 关于深圳这座城市，下列哪项正确？
7. 对于"时间就是金钱，效率就是生命"，男的持什么态度？
8. 关于腾讯成长的有利因素，下列哪项正确？
9. 男的在闲暇时会干些什么？
10. 关于男的，下列哪项正确？

第三部分

第11-17题：请选出正确答案。现在开始第11-13题。

第11-13题是根据下面一段话：

落花在田野中孤独地飘零，寻找着能陪伴她一生的伴侣。流水静静地流淌，等待着能伴随他一世的朋友。

他们就这样寻找着。终于有一天，落花与流水相遇了。落花仰慕流水的英俊潇洒、胸怀博大。流水欣赏落花的美丽多姿，温柔体贴。他们彼此吸引，相互依恋，成为世间的一段佳话。

无奈，流水整日漂流不定。落花厌倦这种漂泊的生活，只盼能与爱人幸福相守。于是，他们开始争吵。

落花说："你就不能为我停留一刻吗？"

流水说："这是我的天性，你就不能随我一起游遍大江南北吗？"

落花说："我想要的是安定的生活啊。"

流水低头不语，沉思良久，说："以前的你是多么善解人意、温柔懂事，从不强迫我做任何事。你不是说过，我到哪儿，你就会随我到哪儿吗？"

落花愕然，抬头看着流水，流下了怨恨的泪水："以前的你是多么无微不至、关爱有加，就算我想要天上的星星，你也会摘给我。"

吵了半天也没吵出个所以然，最终他们选择了分手。

11. 关于落花，可以知道什么？
12. 关于流水，可以知道什么？
13. 关于落花、流水，下列哪项正确？

第14-17题是根据下面一段话：

如今，说一个人干净，是个极高的评价。

说一个男人干净，是说他对家人、对朋友、对同事胸怀坦荡，该负什么责任绝不躲躲闪闪，没有算计，没有欺瞒，不两面三刀，不见人说人话、见鬼说鬼话。在家里，他是好丈夫、好父亲；在单位，他是好部下、好同事、好上司；对朋友，他是可以交心的挚友。他不一定

是社会名流，也不一定有巨额财富，他可能只是公交车上的一位普通男士，是风里来雨里去的为人父者，走入人群，他会立刻消失。但无数个这样的男人组合起来的家及社会，真实而平静。

　　说一个女人干净，并非指外在衣着，而是指内在品德，安守本分，不招惹是非。干净的女人心中也有向往，就是不委屈自己行违心之事。走到哪儿，她们都可以直视任何人的眼光，笑起来，也是透着从心底升起的自信。她们的日子平静如水，她们把家庭打理得美满幸福。

　　干干净净做人，规规矩矩做事，理应是条底线。有了这条底线，才能托起为人的更多的本真，才能远离更多的虚浮。

　　守住这样的底线，说难也难，说不难也不难。

14. 关于干净男人，下列哪项正确？
15. 关于干净女人，下列哪项正确？
16. "干净"的含义是什么？
17. 根据这段话，可以知道什么？

参考答案

一、听力
　　1-5： D A A C C
　　6-10： B D C D A
　　11-17： C B D A B B C

二、阅读
　　18-20： A C A
　　21-23： C B A
　　24-28： B E C A D
　　29-36： D A D C D C C B

27 完璧归赵

听力文本

一、听力

第一部分

第1-5题：请选出与所听内容一致的一项。现在开始第1题。

1. 那次聚会我至今记忆犹新。一群富家子弟，山珍海味都已吃过，就是不曾见过西点西餐，在校长家里他们才算真正"大开洋荤"，吃的是西式糕点，喝的是咖啡、可乐。
2. 捕杀野生动物、破坏生态平衡的行为之所以屡禁不止，皆因"利"之驱动。如果捕杀了野生动物卖不出去，且有严格的法律法规，犯法就兑现，捕杀就会被重判，干这个行当的人就会越来越少。
3. 我碰了无数次壁，也没推出自己的歌，我绝望了，想重返地铁口，从此安心做我的地铁歌手，并发誓永远不再去那个所谓的歌坛折腾。这时候，一位真正有才有德的艺人出现了，是他彻底改变了我的命运！
4. 在访谈中，我的一些说法可能有失偏颇，请大家原谅。在一些文章中，我的观点不够成熟，请大家包涵。总之，在传媒行业，我有许多东西需要学习，真诚地希望通过本书结识更多的媒体同行，向大家请教学习。
5. 当代中学生青春期发育普遍提前，尤其是女中学生，由于身心发展普遍比男生快，加上独生女在家庭中的地位得到强化，她们往往敢于做一些引人注目、与众不同的事，爱说一些令人吃惊的话，比男生更敢于顶撞和冒犯父母。

第二部分

第6-10题：请选出正确答案。现在开始第6-10题。

第6-10题是根据下面一段采访：

女：不少人认为《西游记》是儿童读物，请问您是怎样看待《西游记》的特点以及它在中国文学史上的地位的？
男：《西游记》是中国古代小说中最容易为儿童接受的作品，这本身就是极为可贵的。要知道，中国古代除了民间故事和童谣，儿童可读的作品几乎没有。不过，这并不意味着《西游记》是肤浅的。一方面，对童心童趣的向往，可能是人难以泯灭的本性。而《西游记》神奇瑰丽、自由天真的想象，或许有助于我们暂时回归这一本性。另一方面，《西游记》又不只是单纯的童话，其中蕴含了丰富的中国文化。
女：您能具体谈一谈吗？
男：具体来说，孙悟空的机智勇敢、诙谐幽默代表了英雄主义和乐观主义；唐僧的坚定虔诚、

软弱无能反映出旧时代知识分子面对瞬息万变的现实时缺乏应对能力；猪八戒的贪图安逸、目光短浅体现了传统农民的保守心理；至于沙和尚的勤恳依顺，也折射着我国民众朴实善良的品性。

女：有道理。

男：能够以一部作品如此鲜活地概括民族性格的几个重要类型，在古代小说中是不多见的。

女：这么说，即使在今天，《西游记》也还是很有现实意义的。

男：对呀。我们常常可以在以上这些人物身上看到自己或者我们相识的人的影子。也许，你渴望摆脱一切束缚，那么，孙悟空一定是你心仪的榜样；也许，你有时不免为物色诱惑，做出些荒唐可笑的事，那么，不妨以猪八戒为自嘲的镜子；万一你不幸如唐僧处处逢灾，又无能为力，也不必自怨自艾，只要虔诚坚定，西天还是可以到达的；假如你普普通通，默默奉献如沙和尚，最终也会赢得人们的赞赏和尊敬。

6. 关于《西游记》的可贵之处，下列哪项正确？
7. 为什么说《西游记》并不肤浅？
8. 关于《西游记》反映的民族性格，可以知道什么？
9. 关于《西游记》的现实意义，下列哪项正确？
10. 这段话主要谈的是什么？

第三部分

第11-17题：请选出正确答案。现在开始第11-13题。

第11-13题是根据下面一段话：

塞万提斯出生在一个医生家庭，有过军旅生活的经历，并屡立战功，得到嘉奖，曾经被俘身负重伤。当他拿着元帅的保荐书，兴致勃勃归国时，途中再次被俘，做了5年苦工后才得以回国。没想到，回来后，他连工作都找不到，历尽艰辛，才勉强找了份工作，后又被诬陷入狱。出狱后，他干上了税收。一次他把税款交给一家银行保管，偏偏银行倒闭，他第二次入狱。

出狱后，他陷入贫困，妹妹、妻子、儿女，一大家子人都等着他抚养。他住的地方环境极其恶劣，楼下就是酒馆。一天，有人酒后斗殴，眼看就要发生命案，他不顾一切，把那人背到家里，谁知人没救活，他涉嫌谋杀再次入狱。

虽然厄运缠身，他却没有被打倒，相反思想却变得异常丰富。他凭着对生活的反思和斗牛士的精神，写出了震惊世界的巨著——《堂·吉诃德》。

11. 塞万提斯靠什么出的名？
12. 关于塞万提斯的经历，下列哪项正确？
13. 根据这段话，可以知道什么？

第14-17题是根据下面一段话：

"我的手还能活动；我的大脑还能思维；我有终生追求的理想；我有爱我和我爱着的亲人与朋友；对了，我还有一颗感恩的心……"谁能想到这段豁达而美妙的文字，竟出自一位在轮椅上生活了30余年的高位截瘫的残疾人——世界科学巨匠霍金。

在常人看来，命运真是亏待了霍金，可他仍感到自己很富有：一根能活动的手指，一个能思维的大脑……这些都让他感到满足，并对生活充满了感恩之心。因而，他的人生是充实而快乐的。

　　对生活、对世界、对身边熟悉和陌生的人、对我们的朋友和对手，怎么能不真诚感谢呢？是它们使我们的人生变得如此精彩。我们更要真诚地感恩生活中的逆境，它让我们得到锤炼；它是一个课堂，让我们学会了刻苦、忍耐、淡泊和宽容；它是一笔财富，经历了它，会让我们精神富有，终生享用不尽。

14. 根据这段话，世界科学巨匠霍金很珍惜什么？
15. 关于常人眼中的霍金，下列哪项正确？
16. 关于生活中的逆境，下列哪项正确？
17. 根据这段话，可以知道什么？

参考答案

一、听力
　　1-5：D A A B C
　　6-10：A D D C D
　　11-17：D C A B C D D

二、阅读
　　18-20：A B A
　　21-23：A C D
　　24-28：A D B C E
　　29-36：B C D D C D A C

28 高山流水遇知音

听力文本

一、听力

第一部分

第1-5题：请选出与所听内容一致的一项。现在开始第1题。

1. 女性杂志很受欢迎，实际上这类杂志并没有什么内涵和底蕴，读者不会从杂志中真正获得多少信息，得到的只是休息和放松。也就是说，"没什么实质性内容"反而成了女性杂志吸引人的地方。
2. 远古的地球，除了海水就是绿色。森林不但是原始人类的栖息之地，也是他们生产和生活资料的来源。然而，随着经济的发展与人口的增长，人类正在以摧毁地球为代价，肆无忌惮地砍伐着森林。
3. 他表演的相声在嬉笑怒骂间，用他自己的语言与判断陈述了相声界的现状及他本人曲折的经历。令他意外的是，这个段子赢得的竟然是台下相声爱好者的眼泪，然后是如雷般的掌声。
4. 樱花是日本民族的骄傲，它同雄伟的富士山一样，是勤劳、勇敢、智慧的象征。每年的3月15日，是日本的樱花节。这一天，日本的男女老少都会到公园或野外赏樱花，东京的上野公园在这天还有花宴、花会、花舞等种种活动。
5. 地毯怕湿，若不保持干燥，就会发霉，被虫蛀，缩短使用寿命。地毯每年最好在阳光下晾晒二三次。晒时要用木棍敲打，把地毯里的灰尘弹出。地毯如溅上酱油、菜汤和其他油脂，应立即用干净的干抹布轻轻擦去，切忌用湿抹布擦。

第二部分

第6-10题：请选出正确答案。现在开始第6-10题。

第6-10题是根据下面一段采访：

女：感谢您应邀接受我们的采访。您对健康、农业、移动银行等领域做出了预测，我们就聊聊这些领域吧。

男：先说说埃博拉吧。希望我们可以消灭埃博拉，我们已经取得了很大进步，中国在其中付出了许多努力，投入了很多资源。事实证明应对这样的传染病暴发，需要广泛的国际合作。至于为什么健康会成为基金会的第一要务，是因为没有健康，贫困国家不仅会有很多孩子死亡，还会有很多孩子因为疾病或营养不良而丧失发展的机会，所以健康是最基本的保障。

女：在农业方面，您刚才提到，中国是稻米生产的行家，还有哪些方面中国可以贡献更多的力量呢?

男：首先中国在农业生产力方面实现了大幅度提升，而有的国家农业生产力大概是世界平均水平的五分之一，无论是政策扶持或是科技创新，中国都有很多经验。我们正在和中国合作，确保合适的技术被应用到非洲有需求的国家，并为当地带来实实在在的好处。

女：那么移动银行呢？您觉得什么技术是移动银行革新的关键？

男：如果我们在贫困地区推广传统银行，那么传统银行的收费结构对于贫困地区的居民来说成本过高，所以贫困地区的人会倾向于使用现金，同时传统银行的借贷利率也很高，所以它们不适用于这些地区。我们必须在这些地区推行新的银行，必须价格低廉而且高效，所以我们要推广电子银行。即便你只借一块或两块钱，服务成本也是非常低的。我们同时会对农民进行教育，教会他们如何借贷、如何更好地管理储蓄等。传统银行不能为穷人提供服务，但是这些新兴银行可以，我们需要做的是确保相关监管到位，推动普及教育，提高大家的信任度，并激励更多的创新者为电子银行开发新的产品和应用。

6. 关于健康，男的首先谈到了什么？
7. 没有健康会怎样？
8. 在农业方面，中国可以做出什么贡献？
9. 对于贫困地区，传统银行有什么问题？
10. 关于移动银行，下列哪项正确？

第三部分

第 11-17 题：请选出正确答案。现在开始第 11-13 题。

第 11-13 题是根据下面一段话：

　　托尔斯泰年轻时和屠格涅夫是好朋友。遗憾的是，有一天他们发生了争执，从此断交，一断就是 17 年。这期间，托尔斯泰一直在忙碌，恋爱、结婚、办学校、写作等。他分别用 6 年和 3 年的时间创作了《战争与和平》与《安娜·卡列尼娜》，这两部鸿篇巨著的先后问世，把他推到了文学的巅峰。

　　步入 50 岁时，托尔斯泰开始对人生哲理进行新的探索。忆及屠格涅夫时，他惊奇地发觉，心中对屠格涅夫充满怀念，两人在一起喝酒、聊天儿、骑马、散步和讨论手稿的情景历历在目，屠格涅夫对他的鼓励、赞扬犹在耳边，他情不自禁地给屠格涅夫写了一封信。

　　屠格涅夫收到信，立刻从国外赶回来，直奔托尔斯泰的庄园。俩人见面紧紧相拥。屠格涅夫含着热泪说："我是流着泪读完您那封信的，惭愧的是，首先写那封信的为什么不是我呢！"

　　世间再伟大的友谊也有受伤的时候，友谊需要包容，更需要真诚，唯有真诚能治愈受伤的心，唯有真诚能唤回友人远去的脚步。

11. 关于托尔斯泰，下列哪项正确？
12. 关于屠格涅夫，下列哪项正确？
13. 这段话主要想告诉我们什么？

第 14-17 题是根据下面一段话：

　　那是一个晴朗的早晨。公园里，一个得了绝症的男孩在轻声歌唱，他在歌唱生命，他认为没有一样东西是永远不变的，生命也一样。不远处，一个女孩在跳舞，舞姿如蝴蝶。

男孩看到了正在跳舞的女孩，坐在旁边，静静地看她把舞跳完，说了句："你跳得真好。""谢谢！"女孩回答。男孩看着女孩清秀的面孔，惊异地发现，那是两只无神的眼睛——她是个盲女。男孩的心抽动了一下。

他们认识了。一有空，就会在公园相见，男孩唱歌，女孩伴舞。一天又一天，一种强烈的欲望渐渐从男孩心中升起……

这天，女孩兴奋地告诉男孩，有人愿意捐出眼角膜，那真是最宝贵的礼物，不久自己就能见到光明了。男孩笑了笑，对女孩说："我曾经不相信世界上有永远不变的事物，但我现在明白世上存在永恒，那就是友情。我要走了，永远都不回来了，我将永远珍藏我们的友谊。"

女孩没想到，男孩的告辞竟是永别，而且给自己留下最宝贵礼物的就是他。

女孩的手术成功了，她看到了这个美丽的世界，虽然她一直没有机会亲眼看到男孩，但男孩在她的心里永远是清晰的。

14. 关于那个晴朗的早晨，下列哪项正确？
15. 关于女孩，下列哪项正确？
16. 关于男孩，下列哪项正确？
17. 根据这段话，可以知道什么？

参考答案

一、听力

1-5： D C D C C
6-10： D B D B B
11-17： C A A A B D C

二、阅读

18-20： A C A
21-23： B A D
24-28： B A E C D
29-36： D B C D D B D A

29　"笑"的备忘录

听力文本

一、听力

第一部分

第1-5题：请选出与所听内容一致的一项。现在开始第1题。

1. 《康熙字典》是清代康熙年间出版的图书，作者是张玉书、陈廷敬等，它是在明朝《字汇》《正字通》两书的基础上加以增订的。该书的编撰工作始于康熙四十九年，成书于康熙五十五年，历时六年，因此书名叫《康熙字典》。
2. 有些人很爱凑热闹，不管街头发生什么事情，他们都要驻足引颈，看个究竟。有的还免不了要放开喉咙，起哄喝倒彩，从中寻找乐趣，寻求刺激，这其实反映出一种病态心理。
3. 婴儿在1周岁左右，开始学会独立行走，能更自由地接近和探索周围事物。当他看到桌子上放着一个他喜爱的玩具而无法拿到手时，会推大人的手去拿，表现出初步的、有意向的行动。
4. 读者获取信息也是有成本与收益的。他们花钱买报，花时间看报就是成本，从报纸中得到对自己有用的信息就是收益。报纸扩版后，读者的成本增加了，尤其是要花更多宝贵的时间去读，忙碌的现代人承受不起这么高的成本。
5. 这个剧本的可读性很强，尤其是剧本的语言，让人看后久久难忘。它的语言虽然都是生活中的口语，但经过了作者的提炼熔铸后，显得既鲜活又不失文雅，而且富有情趣。可以想象，这样朗朗上口的语言，一定很适合舞台演出。

第二部分

第6-10题：请选出正确答案。现在开始第6-10题。

第6-10题是根据下面一段采访：
女：能不能告诉我们，您最初怎么选中了厨师这个行业？
男：我最初选择学厨师，想法很简单，人走到哪里都得吃饭，干这一行肯定饿不着。
女：后来怎么就做到了五星级酒店的京菜主厨呢？
男：进了饭店从做小工、刷盘子开始，我越干越觉得，厨师这一行实在是个让人痴迷又魅力无穷的行业。
女：我们都知道颠大勺、刀功，都是厨师的看家本领，您学艺过程中，最头疼的是什么呢？
男：记得刚学会做菜那会儿，我是吃到哪儿挑到哪儿，每吃一道菜，都要评头论足，"油放少了""盐放多了"。后来，我想明白了，同样的调料，不同的人会炒出不同的味儿，就是中餐的精髓。我学做饭那时候，最伤脑筋的就是菜谱上"少许"这俩字，老是分寸把握

不好。把这两个字琢磨透了，就可以出师了。
女：自从您学厨师之后，过年过节，您家的聚餐就成了您露一手的机会了吧？
男：说到这儿，我就会想起奶油菜花，这道菜给我的教训太深了。
女：能讲给我们听听吗？
男：2003年春节，我在学校练了一年的基本功，急于给大伙儿露一手，自告奋勇要给大家来个奶油菜花。这道菜我没做过，听老师在课堂上提过，觉得没什么难的。结果我进了厨房，一看那一堆菜花和黄油就傻眼了，最后愣是做出一锅大乱炖。菜端上桌，我觉得太丢人了，简直无地自容。亲戚朋友倒是非常捧场，把那道菜吃了个精光。
女：大伙儿肯定能原谅您，那时候您还是个刚入学一年的学生嘛。
男：8年以后，我把家里的亲戚朋友召集到一块儿，来了场"雪耻之战"。我当时放下豪言，让大家随便点，想吃什么点什么，他们能想得出的，我都能做。几个小时倒腾出来的十几道菜，当然也得到了大伙儿的一致称赞。
女：您心里特别美吧？
男：那就不用说了。

6. 男的为什么选择做厨师？
7. 为什么男的能做到五星级酒店的京菜主厨？
8. 关于中餐，下列哪项正确？
9. 关于奶油菜花，下列哪项正确？
10. 8年以后，男的做了件什么事？

第三部分

第11-17题：请选出正确答案。现在开始第11-13题。

第11-13题是根据下面一段话：

　　音乐是一种有效的止痛剂。有研究报告称，手术前、手术后甚至手术过程中播放音乐，都有助于缓解疼痛。
　　本项研究共涉及近7000名患者的70多次临床实验的数据，实验证明，音乐确实是一剂有效的止痛药。实验者把术后疼痛分为0-10级，0代表丝毫不疼，10代表疼到极点，听音乐能够使疼痛等级下降2级。
　　研究人员发现，音乐的镇痛作用与音乐类别无关，具体曲目由医生还是由患者选择也无所谓。研究涉及多种手术，但不含大脑或中枢神经系统手术。令人意外的是，患者即便接受全身麻醉，听音乐也有助于缓解术后疼痛，但效果不如接受手术时意识清醒的患者。
　　虽然目前尚未将播放音乐作为帮助患者术后康复的常规项目，但这项研究毫无疑问在帮助人们进一步了解音乐的积极影响方面做了有益的探索。

11. 关于实验，下列哪项正确？
12. 关于实验结果，下列哪项正确？
13. 这项研究的意义是什么？

第14-17题是根据下面一段话：

　　据世界卫生组织统计，全球一半患者不会正确用药。在中国，用药安全同样是个不可回避的问题，一项涉及45万份的网络调查显示，九成人存在用药误区。

比如止痛药，不少人觉得，不管哪里疼痛，吃点儿止痛药，病就好了，这是再简单不过的事了。殊不知，乱用止痛药也会有严重后果，如损伤内脏、延误病情、产生心理依赖，甚至可能致死。再比如创可贴，人人都觉得自己会用，完全不存在专业的问题，可是有多少人知道，它的基本作用只是止血，并不能完全做到抗菌消毒。创可贴吸水性和透气性较差，使用不当可能造成伤口感染。出血较多的伤口、小而深的伤口、动物咬伤、污染较重的伤口、烧伤或者烫伤的创面，都不宜使用创可贴，它只适用于皮肤表面出血不多而又不需要缝合的小伤口。

14. 关于用药误区，下列哪项正确？
15. 关于止痛药，下列哪项正确？
16. 关于创可贴，下列哪项正确？
17. 创可贴适用哪种情况？

参考答案

一、听力
    1–5：D A D A C
    6–10：C C D B D
    11–17：B D D D A D C

二、阅读
    18–20：A B A
    21–23：A B D
    24–28：B A D E C
    29–36：B D A B C D B A

30 你睡好了吗

听力文本

一、听力

第一部分

第1-5题：请选出与所听内容一致的一项。现在开始第1题。

1. 十七八年前，他最后一次会见他的母校康奈尔大学的史学大师布尔先生。布尔先生有一句话他至今没有忘记。先生说，年纪越大，越感觉到容忍比自由更重要。
2. 随着科学技术的普及，人们将更愿意接受电脑采访。有调查显示，与纸张问卷的调查形式相比，越来越多的人更愿意接受借助于电脑的采访，特别是那些对技术感兴趣或熟悉电脑的人，明显持肯定态度。
3. 他想借贵报一角呼吁：读书应该成为人们的追求和良好的风尚。因为读书是将人类浓缩几千年的科技、文化快速习得的最佳方式，读书能够让你在极短的时间内，掌握大量的科学文化知识，摆脱愚昧和迷信。
4. 他是一名出色的军官，总是能精确地完成任务。他有个14岁的儿子，正值叛逆期，而且像他的父亲一样顽固。不过他很骄傲，孩子有自己的主见，不会人云亦云，他对自己的孩子有着许多期待。
5. 一次，我问他："忙些什么？"他说："练画儿，每天糟蹋好多纸！"他的画儿很像他的文章，是些小画儿，雅气，很有品位，是典型的文人画儿。他的画儿和他的文章颇有共同之处，观其画儿能咂摸出他写文章的特点。

第二部分

第6-10题：请选出正确答案。现在开始第6-10题。

第6-10题是根据下面一段采访：
女：孙老师是搞生命科学的，今天打算跟大家谈谈我们非常熟悉的睡眠。
男：对于睡眠的机制和功效，前沿的探索尽管还很粗浅，但科学家基本上得出了一些结论。
女：我们进入休息状态的时候，大脑是否在休息？
男：不会。我们从能耗的角度来考虑。我们思考、工作时，大脑对血氧的消耗可达全身的40%以上，而在睡眠状态下，大脑能耗仍达20%～30%。这和人的肌体大不相同，静卧时肌体的能耗可降低到运动时的十分之一。可见，人在睡眠时大脑仍在紧张地工作。
女：我们能不能随意调整睡眠时间、长度或时段？
男：也不能，至少是极为困难的。成年人每天需要7至9小时睡眠，平均7个半小时。睡眠效果最佳的时段，是午夜之前到第二天早上六点，所以越洋飞行后倒时差是挺痛苦的事，调整过来后，你还得按当地的这个时段来睡眠。这也说明，人们几乎不能适应"大夜班"，可能的话，应该尽量避免。偶尔为之，或许还凑合，长期如此，就是对身体的摧残。

女：人越老需要的睡眠时间越少，有道理吗？

男：不是。上了年岁，不容易长睡，但白天会打盹儿。好的办法是分数次睡眠，就是人们常说的"猫打盹儿"，对老龄人蛮实用的。《马年睡个好觉》这本书提到年近七旬的丘吉尔，在第二次世界大战中，是如何挺过公务繁忙的那五个年头的，他靠的就是每天数次的"猫睡"。每次少至20分钟，长不超出一小时，一次不够，两次足矣，这样老人精力不济、记性变差的疲态就可以改善了。

女：睡不着时闭眼静卧能代替睡眠吗？

男：不能。也许这能保持一些精力，减低一点儿能耗，但大脑休整的充分实现，要靠真正的睡眠来完成。睡眠恶化固然有压力、紧张、心理问题的因素，但还有其他原因，往往要靠诊治，不然不会轻易消失。同时，坚持运动也会有很大帮助。

6. 对于睡眠的研究，现在处于什么阶段？
7. 为什么说人在睡眠状态中，大脑没有休息？
8. 关于睡眠时间、睡眠长度和时段，下列哪项正确？
9. 关于猫睡，下列哪项正确？
10. 闭眼静卧的作用是什么？

第三部分

第11-17题：请选出正确答案。现在开始第11-13题。

第11-13题是根据下面一段话：

早睡早起，有益身心健康，但它并不适合每一个人，尤其是IT族、文字工作者。在一些拥有伟大头脑和卓越功勋的人中，盛行夜猫子习惯。

几个月前，王鹏曾尝试早起。他比以往提前1～1.5个小时起床，但他无法适应早早地躺在床上。不管白天多么疲惫，晚上10：00以后他的头脑都变得活跃兴奋，直到12：00以后。早早地在床上躺着，他会心烦意乱、辗转反侧，恨不得用拳头捶打自己，就是一点儿也不困。不得已，他又重拾惯例。

当然晚睡晚起也不是完全有利。如果不加控制和计划，将会导致过度睡眠，进而浪费掉一整天的大好时光。因此，晚起不等于不起，晚睡不等于不睡，最好设置合理的作息时间，制订适合自己生物钟的时间表，充分利用自由的夜晚时间，这就是我给夜猫子的一些建议，希望对提高我们的工作效率有所帮助。

11. 什么人有熬夜的习惯？
12. 王鹏尝试早起后发生了什么事？
13. 晚睡晚起应该注意什么？

第14-17题是根据下面一段话：

自然界的花儿不仅形态各异，颜色更是五彩缤纷，那么，花儿为什么会有各种颜色呢？原来，花瓣中含有各种色素，正是这些色素，形成了花儿的五颜六色。

造就花儿色泽最主要的色素叫作"花青素"，它分布在细胞的液泡内，控制花儿的颜色变

化。花青素很调皮，在不同的环境下，会形成不同的颜色。在酸性溶液中，它呈现红色，酸性越强，颜色越红；在碱性溶液中，它呈现蓝色，碱性较强时，会成为蓝黑色；当它处于中性环境的时候，则是紫色。

花青素虽然神通广大，但花的颜色并不全由它来控制，广泛存在于花瓣中的另一类色素是类胡萝卜素，这种色素"色如其名"。目前已发现的类胡萝卜素有600种以上，不同种类的类胡萝卜素能使花显出黄色、橙黄色、橙红色等。

此外，影响花朵颜色的色素还有类黄酮、甜菜色素等。至于白花，是因为细胞液里不含色素，而绿色花，则是含有叶绿素的缘故。

14. 自然界的花儿有什么特点？
15. 关于花青素，可以知道什么？
16. 关于类胡萝卜素，下列哪项正确？
17. 根据这段话，可以知道什么？

参考答案

一、听力
    1-5：A C A D A
    6-10：B A D D A
    11-17：D D C C D B A

二、阅读
    18-20：B D A
    21-23：C B D
    24-28：A E C D B
    29-36：B D C C D D B C

31 运动的学问

听力文本

一、听力

第一部分

第1-5题：请选出与所听内容一致的一项。现在开始第1题。

1. 《梦溪笔谈》是中国北宋大科学家沈括的传世著作。沈括在晚年用笔记文学体裁写成《梦溪笔谈》，内容涉及天文、数学、物理、化学、地学、生物以及冶金、机械、造纸技术等各个方面，是中国科学史上的重要著作。
2. "家庭暴力"有广义、狭义之分。有人认为，广义的家庭暴力是指对家庭成员进行肉体上以及精神上的折磨、伤害和虐待的行为；狭义的家庭暴力指丈夫对妻子进行肉体上的摧残、虐待和伤害。
3. 朋友认为自己病了，而且病得很重。医生说没什么大碍，家人也说心情舒畅就会好的。可他不信，认为医生和家人联合起来骗他。他的疑心越来越重，面容越来越憔悴，直到有一天真的生了一场大病。
4. 张衡断定地球是圆的，月亮是借太阳的照射才反射出光来。他还认为天好像鸡蛋壳，包在地的外面，地好像鸡蛋黄，在天的中间。这种学说虽然不完全精确，但在1800多年前，能有这种见解，也够令人钦佩的了。
5. "饥饿营销"始终贯穿着"品牌"这个因素。其运作必须依靠产品强势的品牌号召力，也正由于有"品牌"这个因素，"饥饿营销"是一把双刃剑。用好了，可以使原来就强势的品牌产生更大的附加值；用不好，则会对其品牌造成伤害。

第二部分

第6-10题：请选出正确答案。现在开始第6-10题。

第6-10题是根据下面一段采访：

女：您认为作为裁判，最重要的是什么？
男：对一切都要公平公正。要公平地看待每一个运动员，一切都要以比赛成绩为准，这是体育赛事成功举办的基石。只有在公平的基础上竞争才有意义。
女：您认为体育比赛中最激动人心的时刻是什么时候？
男：对运动员来说，冲过终点线的那一刻，跳过横杆的那一刻，发现自己长久以来的努力得到回报，都是最激动人心的时刻；对观众来说，看到运动员奋力拼搏，感受到了运动之美和生命的活力，就是最激动人心的时刻；对裁判员来说，认真负责地做好本职工作，确保赛事有秩序地进行，让每个运动员能得到应有的肯定，直到运动会完美结束，就是

他们最激动的时刻。

女：您认为一个优秀的运动员应该具有哪些品质？

男：首要的是敢于拼搏，要不断挑战自我、突破自我，向"更高，更快，更强"努力。第二要懂得尊重，要尊重每一位运动员、每一位工作人员、每一位观众，这样才能通过体育活动促进人与人、国与国的互信互爱。第三要吃苦耐劳，百折不挠。一个缺少坚韧品格的人是不可能取得好成绩的，在体育上是这样，其他领域也是这样。第四要乐于奉献、懂得感恩，体育从来不是一个个人的世界，对于他人的帮助要心存感激，还要学会无私地为他人奉献，这才是真正的体育精神。

女：哦，有道理。还有一个问题，您认为每年举行运动会，意义何在？

男：运动会的举办是为了给热爱运动的同学们一个展示自我的机会，更是为了带动全校师生强身健体，通过参与赛事使体育成为生活中的一环，养成终身健身的好习惯。

6. 男的认为作为裁判，最重要的是什么？
7. 关于最激动人心的时刻，下列哪项正确？
8. 关于优秀运动员应有的品格，下列哪项正确？
9. 关于每年举行运动会，男的有什么看法？
10. 根据对话，可以知道什么？

第三部分

第11-17题：请选出正确答案。现在开始第11-13题。

第11-13题是根据下面一段话：

游泳运动总是在一届又一届的赛事中超越以前的纪录，而田径运动中许多项目的纪录却长时间停滞。过去20年来，在16届游泳赛事中各项纪录共被打破275次，而在24届田径赛事中各项纪录仅被打破166次，其中38次是撑竿跳创造的新纪录。在游泳运动中，任何一项创造于2008年以前的世界纪录都没能保持到现在，而在田径运动中，还有许多纪录是20世纪90年代之前创下的。

导致这种不同的原因之一，是游泳作为运动的历史更短，在生物力学和技术等方面，还有许多需要研究和改进之处。其次，与游泳相比，跑、跳和投掷是人类遗传密码里带有的动作，这导致田径运动领先了游泳很多年。

11. 游泳运动发展情况怎样？
12. 田径运动发展情况怎样？
13. 根据这段话，可以知道什么？

第14-17题是根据下面一段话：

英国国民保健制度（NHS）发表在官网上的忠告称，"久坐对健康有害，不管你进行多少运动都无济于事。""越来越多的证据"显示，肥胖、2型糖尿病、某些种类的癌症以及早逝均与久坐有关。NHS建议每坐30分钟就起来活动一下。它援引健康专家的话说："必须打断坐着的状态。""做些需要站起来完成的事，比如冲咖啡和聊天，甚至是写封信——海明威就是站着写小说的。"

然而，英国一项新的研究结果证实：只要定期活动，坐着并不比站着对健康的危害更大。研究人员对5000多人开展了为期16年的跟踪调查，他们的发现发表在英国《国际流行病学杂志》季刊上。研究结果称：不管是坐着还是站着，任何静止不动、能量消耗低的姿势或许对健康都是有害的。研究发现，在办公、休闲或看电视期间采取坐姿的调查对象并未出现死亡风险增加的情况。

　　这一研究结果使人对坐、站两用工作台的益处产生了怀疑。目前用人单位越来越多地向员工提供这种工作台，以营造更健康的办公环境。

14. 关于久坐与健康的关系，英国 NHS 官网上的观点是怎样的？
15. 英国 NHS 的建议是什么？
16. 英国一项新的研究结果是怎样的？
17. 根据这段话，可以知道什么？

参考答案

一、听力
　　1-5：C B C D A
　　6-10：C D C B A
　　11-17：D B C A C D D

二、阅读
　　18-20：D B C
　　21-23：B A B
　　24-28：D C A E B
　　29-36：A B B D A D A A

32 有时，不妨悲伤

听力文本

一、听力

第一部分

第 1-5 题：请选出与所听内容一致的一项。现在开始第 1 题。

1. 乐观的人会有些主观，有些"傻"。他们习惯于"歪曲"现实世界，当现实世界不利于他们发展或有些危险时，他们倾向于人为地忽视危险，不把危险放在心上，乐观地认为，天塌不下来，睡醒再说。

2. 日记是孩子成长过程中的心得体会，未经许可，家长是不应该看的。文具店里装潢漂亮、挂着小锁的日记本往往特别受欢迎，就是因为买主写完后可以将日记锁起来，以防被人偷看。

3. 服饰文化在人类文明史中占有很重要的地位。事实上，在各种服饰文化表象的背后，不论这种服饰是光彩四溢、如诗如画，还是朴实无华、素净淡雅，都存在着各种与之对应的服饰观念。

4. 不要让对方认为你抹杀了他的一切，一点儿也不承认他的好处，这样很难使谈话融洽地进行下去。无论你的意见和对方的意见相差多远，冲突多厉害，都要表现出一切都可以商量的诚意。

5. 万圣节也叫"鬼节"，起源于公元前 5 世纪，欢度万圣节的习俗由爱尔兰移民带到北美。万圣节前后，在儿童商场能买到各种魔鬼图案的化装衣服、帽子和脸谱，年龄大一些的孩子们还会自行设计魔鬼套装。

第二部分

第 6-10 题：请选出正确答案。现在开始第 6-10 题。

第 6-10 题是根据下面一段采访：
女：参加《我是歌手》，对你来说有挑战吗？
男：我不太会唱别人的歌，因为我以前都是唱自己写的歌。唱别人的歌是有挑战的，我的很多压力也来自于此。
女：人有的时候还是需要一点儿压力的吧？
男：对啊，就像有时候必须去考试一样。
女：说实话，以后你还会参加这样的节目吗？
男：不会了，这样的经历，一生有这么一次足矣，没必要总是做这样的事情。
女：这些年你还是有了点儿改变……

男：如果说成长和成熟是改变，那就是改变。
女：其实更多的在坚持？
男：坚持是不自觉的，我只想过做个歌手。也许我只适合做这类事，可以说这是坚持吧。别人看来是坚持，自己看来就是做喜欢的事。
女：好多人都是在就要忘了你之前，又被你的突然出现感动。你是怎么做到的？
男：在很多时候，你喜欢的未必别人喜欢，更未必被市场喜欢。但是，你喜欢的东西如果坚持做到底，把它做到极致，别人或者市场是有可能接受的。假如你做的东西既不是你喜欢的，又不是别人接受的，那么我觉得这样的事情做下去，是不可能有好结果的。
女：你对音乐市场有什么看法？
男：在我看来，做这行的没有什么人真正懂市场。每个人也就几首歌曲可以算是真正成功的……既然这样，为什么不做点儿自己真正喜欢的呢？做自己不喜欢的东西是很痛苦的，只有一种情况除外，那就是你本身根本不爱音乐，就是想成名，名利足够让你获得快感。
女：这算是你在40岁时候的感悟吗？
男：我的人生是相反的：30多岁的时候我是不惑的，40岁反而又困惑了。30岁不惑源于自己对世界的未知；可到了40岁，真正了解一点儿社会之后，发现很多问题其实是无解的。世界无时无刻不在变化，哪来的什么答案？

6. 对参加《我是歌手》，男的是什么态度？
7. 关于男的，下列哪项正确？
8. 男的认为，自己沉寂之后又能感动别人的原因是什么？
9. 对音乐市场，男的怎么看？
10. 男的40岁时有什么感悟？

第三部分

第11-17题：请选出正确答案。现在开始第11-13题。

第11-13题是根据下面一段话：

巨魔芋大王花产于印度尼西亚的苏门答腊热带雨林地区，1878年，被植物学家发现。巨魔芋大王花的花朵直径可达1.5米，高近3米，是举世无双的最大花朵。巨魔芋大王花的颜色非常漂亮，花刚开时，还有点儿香味，一两天后，花如腐肉，散发的气味臭不可闻，因此，人们很远就能发觉它。这种恶心的臭味也有好处，就是它能招来苍蝇、甲虫为它传播花粉，以便繁衍后代。

巨魔芋大王花花朵虽然大得出奇，结出的种子却非常微小，它们常常粘在大象的脚上，被带到各地去，之后在新的地方安家落户。

11. 关于巨魔芋大王花，可以知道什么？
12. 为什么巨魔芋大王花老远就能被人们发觉？
13. 大象为巨魔芋大王花帮了什么忙？

第14-17题是根据下面一段话：

如今，很多父母认为，家庭教育就是开发孩子的智力，让孩子两三岁开始背诗歌，四五岁学外语，上学后要上辅导班，成绩一定要名列前茅，将来一定要上名牌大学。似乎只有这样，父母的教育才算成功，孩子才能成才。实践证明，这是对家庭教育极大的误解。家庭教

育最重要的应该是人格教育。

　　试想，如果一个孩子遇到点儿挫折就产生轻生的念头，不懂得生命的意义；自己将来想做什么都不知道，没有任何梦想；心里只有自己，无法与别人共享，那么，即使这个孩子门门功课都考第一，又能怎样？

　　家庭教育中，最重要的角色是父母。父母首先应懂得：正确的家庭教育是让孩子有很好的人格修养，懂得做人，懂得成功的真正含义。只有父母的教育观念发生了转变，孩子才能终生受益。

14. 如今，很多父母是怎样培养孩子的？
15. 家庭教育最重要的任务是什么？
16. 成功的父母教育的孩子具有什么特点？
17. 关于家庭教育，下列哪项正确？

参考答案

一、听力
　　1-5：A C D D A
　　6-10：C A D C D
　　11-17：C D D D A B C

二、阅读
　　18-20：A B C
　　21-23：B D B
　　24-28：E D C A B
　　29-36：A D C B D C B C

33 怀念慢生活

听力文本

一、听力

第一部分

第1-5题：请选出与所听内容一致的一项。现在开始第1题。

1. 教师必须把教学活动组织得生动、有趣，除了教师讲授外，要多给学生参与的机会。小学生中出现的课堂纪律问题，往往不是学生故意捣乱，而是学生对教师的课不感兴趣，因而不能坚持听课。
2. 考古发掘中，能够直接参加考古工作的人终究是少数，且一旦发掘工作完毕，现场往往很难原样不动地保存下来，要想让更多的人了解某一地下发掘的现场、情景以及出土文物，只有依靠考古报告。
3. 传统的化学工业给环境带来的污染已十分严重，并威胁着人类的生存。化学工业能否生产出对环境无害的化学品？甚至开发出不产生废物的工艺？有识之士提出了"绿色化学"的号召，并立即得到了全世界的积极响应。
4. 农历正月初一是古时的新年，又称"新正"，今天我们称之为"春节"。它作为古代官方法定岁首，乃汉武帝时编定的太初历所规定。千百年来，这个法定岁首逐步汇聚了许多其他节日的习俗，成为一个送旧迎新的节日。
5. 小篆，是秦始皇统一六国之后，秦代通用的标准字体。相传是秦国丞相李斯所创。与大篆相比，小篆书写起来更加简便，字体长方，每个字大小一样，排列方正，横竖成行，给人一种整齐之美，这样也就形成了方圆兼备的小篆体。

第二部分

第6-10题：请选出正确答案。现在开始第6-10题。

第6-10题是根据下面一段采访：

男：离开美国后，你决定写这部非虚构题材的小说，有什么原因和契机吗？
女：这本书是我自己的一段人生历程，其中也包含了大量人们需要的信息。之前我只写形象更为复杂、主题相对悲观的虚构作品。说到非虚构题材的写作，原因和契机其实很偶然。去年，我和一位出版社编辑聊起我在美国陪孩子读书时的一些见闻，提到这样一个场景：一对华人夫妇星期天去购物，那是个冬天，下着鹅毛大雪，他们开车经过市中心，看到有个女孩高举标语牌，孤零零地站在教堂门口，标语牌上写着："抗议反对人工流产""抗议歧视同性恋"，华人夫妇议论道，这么冷的天，一个女孩子站在雪地里，也不知道她父母知道不知道，车到近前才骇然发现，这女孩竟是他们还在读高中的独生女

儿。编辑朋友激动地打断我，提议我写下来。她认为，我这几年陪读生活中遇到的点点滴滴都值得记录下来，现在这么多中国家庭把孩子送出去留学，家长非常需要了解我经历过的这些事，中国教育是有问题，但异国生涯无论对小留学生还是对家长都未必不是挑战。

男：你是一个擅长写虚构小说和戏剧的作家，是什么让你决定从虚构的掩体中跃出，开始非虚构的写作？

女：关于非虚构写作，虽然我是第一次尝试，不过我很早就关注了。那是2000年我在美国期间，逛书店的时候，我发现书店每周张贴出的畅销书前十名排行榜都分为两大类：虚构和非虚构，我吃惊地意识到，在美国，非虚构作品的数量和质量竟然可以和虚构作品不分伯仲。而那时，中国的文学刊物还没有"非虚构"栏目，虽然有报告文学，但报告文学只是非虚构里的一种形式。写这本书，我的初衷是希望和其他家长分享我所了解的美国高中校园，希望读者能够通过我和孩子的一些经历获得他们需要的信息，也希望通过我的视角让读者了解这个媒体上谈论最多的国家，因此比较有说服力的应该是非虚构这个写作形式。

6. 女的这本非虚构题材小说的写作契机是什么？
7. 关于编辑朋友，下列哪项正确？
8. 是什么原因促使女的愿意尝试非虚构写作？
9. 关于女的的非虚构小说，下列哪项正确？
10. 关于女的，下列哪项正确？

第三部分

第11-17题：请选出正确答案。现在开始第11-13题。

第11-13题是根据下面一段话：

"年"是中国人最重要、最综合的一个节日。年，对我们究竟意味着什么？华服？美食？休闲？放松？不尽然，应该说贴对联、穿新衣，只是一种仪式，是对辞旧迎新的尊重，对美好生活的憧憬；拜年、聚餐、拉家常，则是对亲情的眷恋。

很多人感慨现在的"年味"越来越淡了。其实所谓"浓"或"淡"，恐怕只是成年人的感受，年复一年，循环往复，再加上现在生活水平提高了，平时吃、穿水平就不低，过年也变不出什么新花样，新鲜感自然就少了！但是孩子过年总是欢乐的，仿佛天天都被浓浓的年味包裹着，光是过年的气氛，就足以让他们欢快了，和儿时的我们一样。

11. 根据这段话，中国人过年要做什么？
12. 过年为什么要穿新衣服？
13. 为什么很多人觉得现在年味不浓？

第14-17题是根据下面一段话：

我理解"慢生活"就是一种生活态度，把工作、吃饭、休息、劳动都看成一种享受。老实说，生活中的每件小事都能给我们带来快乐，比如，拿起剪刀慢慢做点儿小手工；亲手织一件色泽淡雅、款式绝无仅有的毛衣穿在身上；在花瓶中插上一束沁人心脾的鲜花；每顿都用心做一碗健康美味的汤品。而做这些事的过程并非都是痛苦的劳动，其本身就充满了乐趣。

于是，我开始改变自己。原本我不写日记，现在开始徜徉在文字之间，寻觅那一份"慢"

的惬意；每天开车上班，我改变了按点出门的习惯，这样就不会为堵车而心急火燎，而是慢慢开，把驾驶当成一种乐趣；出去买菜或办事需要走路时，我的脚步慢了下来，看看身边的城市、身边的人，发现竟然会有不一样的心情！

　　慢下来其实很简单，只要去除那些外力强加给你的价值观，只需听从自己内心的声音，找到自己喜欢的事情，按照自己的节奏，慢慢地享受那份美好，你的心中就会少些抱怨，感觉生活其实很精彩！

14. 说话人认为应该怎样理解"慢生活"？
15. 说话人有哪些改变？
16. 说话人对"慢生活"的切身感受是什么？
17. 说话人告诉我们什么？

参考答案

一、听力
　　1-5： C D D B B
　　6-10： B B C C B
　　11-17： B B D D B C D

二、阅读
　　18-20： B C B
　　21-23： D A B
　　24-28： B A E C D
　　29-36： A C A B B A D C

34 为文物而生的人

听力文本

一、听力

第一部分

第1-5题：请选出与所听内容一致的一项。现在开始第1题。

1. 我们的旅游一向是靠老祖宗留下的宫殿庙宇和老天爷造化的奇山秀水吃饭，许多"原装"景点尚且门庭冷落，经过微缩之后的"小玩意儿"到底有多少吸引力，前景实难预料。
2. 戏开拍前，他不惜血本，花费了数千万人民币搭建了一座影视城。为了再现当年明军与清军鏖战的场面，他不惜重金累计动用了数万人来担任群众演员，场面之宏大令人叹为观止。
3. 转让无形资产，是指转让无形资产的所有权或使用权的行为；销售不动产，是指有偿转让不动产的所有权，转让不动产的有限产权或永久使用权。单位将不动产无偿赠送给他人等视同销售不动产的行为。
4. 企业在选拔班组成员时，应注意各种气质类型人员的适当搭配。这样，在工作中各种气质可以得到适当的互补。把不同气质的人搭配在一起，就可以发挥各种气质的积极因素，弥补其中消极的成分。
5. 与其对社会公益事业的慷慨资助相比，他对自己的要求显得过于苛刻了，他生活十分俭朴，从不乱花一分钱，每天作画裁下的纸条儿都舍不得丢掉；到外边吃饭要打包，甚至连家里每月的开销也要精打细算，力求节俭。

第二部分

第6-10题：请选出正确答案。现在开始第6-10题。

第6-10题是根据下面一段采访：

女：您和中国的一线作家都有交情，海岩的第一件收藏品还是您帮他挑选的。您写过爱情小说，之后就去写文物了。

男：我和这些作家关系都非常好，50岁以上、60岁以下的都认识，他们这些人本身都文学素养很高。他们年轻的时候，工作都是分配的，不能辞职。后来，慢慢地，很多人退出了文学圈。我曾经还是有些文学理想的，但后来觉得文学界不争气，就从那里面走出来了。后来，我写的关于艺术品的小说比他们的文学小说还畅销。

女：您怎么评价文学界和文物界？

男：我觉得文物比文学好的一点在于：它比较深，而文学比较浅。好比，你原来是个吸烟者，那是文学；而搞文物的就是雪茄。等你吸了雪茄，你会发现香烟比较淡。文学的评价标准也是个问题，写诗可以有好坏，反正都能写，谁好谁坏也没有一个终极标准。但文物是一个很窄的领域，而且文物是有终极判断的。我发现，文物界很多人说起话来前言不搭后语，文物界的人都特别死板，眼界特窄，而我眼界比较宽。

女：您介入公共事务极为频繁，前不久还在博客上写关于贪官什么的文章，这样做是要保持影响力，还是纯粹出于表达的欲望？

男：博客我一年要写137篇，最近四年都是这个速度。对我而言，收藏只是生活中的一个调剂，我因为在《百家讲坛》说收藏而"红"了。但我觉得，这反而是我最不看重的事。如果说我是"收藏家"的话，那可能是因为我著书立说了。

女：商人、作家、学者、收藏家，在这几种身份之间，您如何评价自己？

男：我是一个学者，不是一个商人。我曾经和我儿子说："我能够做一个学者，是这个时代的不幸，是我自己的大幸。"我们不能和王国维、陈寅恪相比，我实际上没读过什么书。我们算什么？我们这个时代缺少文化，所以稍微读了一点儿书的人就显得有文化。

6. 关于对话中所说的一线作家，下列哪项正确？
7. 男的怎样评价文物界？
8. 关于男的，下列哪项正确？
9. 男的怎样看自己和自己所生活的时代？
10. 根据对话，下列哪项正确？

第三部分

第11-17题：请选出正确答案。现在开始第11-13题。

第11-13题是根据下面一段话：

齐白石1864年出生，籍贯湖南，是近现代中国绘画大师，世界文化名人。他早年曾做过木工，后以卖画为生，57岁后定居北京。齐白石书法、篆刻、诗文、绘画样样精通，并著有《白石诗草》及《白石老人自述》等。

居住在北京的齐白石，内心装着的却是家乡的山水、家乡的草木。无奈他不可能将家乡草木带到北京，于是这种情思便化作艺术信息传达出来。他刻了许多寄托着怀乡之情的印章，写了许多怀乡诗，那些诗句无一不是齐白石"夜不安眠"时的肺腑之言。

齐白石的作品《我最知鱼》，画的是小鱼追逐钓钩和鱼饵的情景，而那正是齐白石少年时常做的事情，他怎会不"知鱼"？齐白石画中的黑蜻蜓、红甲虫，家乡人叫作"黑婆子""红娘子"，这正是农民的审美情趣；齐白石画鲇鱼题"年年有余"，画石榴象征多子，画桃子象征多寿，也都是民间艺术的寓意象征。这些作品，无一不是齐白石的恋乡情结和童真情趣的自然流露。

11. 关于齐白石，下列哪项正确？
12. 齐白石定居在北京后，有什么变化？
13. 齐白石的作品有什么特点？

第14-17题是根据下面一段话：

一走进汪先生的家，我就看到他收藏的"宝贝"，有明代的漆器、清代的银碗和各种古典家具，不过数量最多的还是玉器。

汪先生家原本有些祖传物件，如今均已失传，只剩下一个玉笔筒。听着汪先生的介绍，我注意到他家书桌上那个插着几支笔的青玉笔筒，虽貌不惊人，却别有情趣。

汪先生说，这个玉笔筒是他父亲年轻时买的，当时花了一块大洋。那时一块大洋可值不少钱，所以笔筒价格不算便宜。他的父亲是一名中医，他买这笔筒是为了自己用，并不为收藏。

汪先生从小看着这个笔筒长大，慢慢对老物件有了兴趣。后来，他随父母迁移到新疆伊犁，有机会接触到和田美玉。那时候和田玉的价格不像现在这么疯狂。当地居民都能接触到和田玉，少数民族居民身上都佩戴有玉器。汪先生觉得它们很漂亮，他喜欢玉的内在美感，从此汪先生成了玉器收藏者。

14. 关于玉笔筒，下列哪项正确？
15. 关于汪先生的父亲，下列哪项正确？
16. 关于和田玉，下列哪项正确？
17. 汪先生对玉的爱好是怎样形成的？

参考答案

一、听力
    1-5： D C A C B
    6-10： A B B A B
    11-17： A C B B A C D

二、阅读
    18-20： A C B
    21-23： A D B
    24-28： E A C D B
    29-36： D C B C D D C D

35　走近木版年画

听力文本

一、听力

第一部分

第1-5题：请选出与所听内容一致的一项。现在开始第1题。

1. 从外表看，螳螂并不可怕。身躯修长，前胸纤长；长颈上，顶着一个扁三角形的小脑袋；它的颈部是柔软的，能使头向任何方向窥视。它的神态温柔，被人称作"会祈祷的螳螂"。
2. 先生文章的妙处实在难以尽述，就如那文章里涉及的当时的许多人和事，如今读来，又都成了饶有趣味的历史小掌故。先生的文章，针砭时弊，泼辣犀利，绝无时文的吞吞吐吐，读来令人神旺气盛。
3. 东汉末年，中华大地气候又表现出向寒冷转变的迹象，东海、东莱等郡出现水井冰冻厚尺余的现象，渤海湾也有冰封记载。公元七、八世纪，黄河流域气候一度转暖，长安地区的梅花花期又有变长的迹象。
4. 记得看过的一部电影，女主角将柠檬从中间切开，然后拿起半只直接涂抹颈部，这种利用水果的美容法应该算是精油疗法的雏形了。在提炼精油的高科技还未出现时，女人已经知道如何呵护自己的皮肤了，这让我当时为之一震。
5. 语言中词汇的变化很灵敏，但其基础非常稳固。这表现在两方面：第一，词汇中的基本词汇部分反映交际中最常用的基本概念，它是很不容易变化的。第二，构造新词的材料几乎都是语言中古已有之的，构成新词的格式也是语言中现成的。

第二部分

第6-10题：请选出正确答案。现在开始第6-10题。

第6-10题是根据下面一段采访：
女：请问，为什么要编写《口述"非遗"》这么一本书呢？
男：大家都知道，每一个苏州人都为自己的城市骄傲。我们骄傲的基础有三点：第一是水，苏州因水而昌盛，水是苏州人的骄傲；第二是人，苏州出人才，古的不说了，当今院士就有130多位；第三就是艺，历史上，苏州有各种各样的工艺。去年联合国给予我们"手工艺与民间艺术之都"的称号，这是实至名归。而工艺，大部分属于非物质文化遗产，但是一些"非遗"项目的现状不容乐观，所以我们组织专家、学者，对非物质文化遗产的传承人、见证人进行采访，目的是留下历史的记录，同时希望有更多的人了解、关注、保护"非遗"。
女：为什么要采用口述的方式呢？

男：因为非物质文化遗产的传承人年龄都很大了，80岁以上的有15位，年龄最大的101岁。有两位老人在接受采访不久、成书之前就去世了。应该说，这份历史文献是对"非遗"抢救式的保护，我们心里充满了紧迫感。

女：苏州"非遗"项目保护的具体办法是什么？

男：我们采取了区别性的保护办法。对于生存状态好的，进行生产性保护，比如核雕、刺绣；不好的，那些渐行渐远的、濒危的项目，需要去关怀；还有的年代太过久远，由于历史原因已经抢救不活的，进行记忆性保护。

女：为什么会造成"非遗"今天的困境，大家有过思考吗？

男：所谓"遗"，就是前人留下来的，不是我们这个时代的东西。所谓"非遗"，是文化的东西，是古人曾经的生活方式。"非遗"建立的基础是农耕文化，可我们今天生活已经发生了巨大的变化。从中国发展的历程来看，我们几乎没有经历一个现代的工业时代，直接进入了信息时代。在社会跳跃式发展的过程中，必然会抛弃一些东西。抛弃什么呢？很显然，就是那些曾经的生活方式，这就形成了中国"非遗"今天所面对的困境。

6. 苏州人最可能会为什么而骄傲？
7. 关于非物质文化遗产，下列哪项正确？
8. 对苏州"非遗"的保护措施是什么？
9. "非遗"今天困境产生的原因是什么？
10. 这段话主要谈的是什么？

第三部分

第11-17题：请选出正确答案。现在开始第11-13题。

第11-13题是根据下面一段话：

变脸，这是川剧表演艺术的特殊技巧之一，看过的观众，无不惊叹其神。它是揭示剧中人物内心思想感情的一种浪漫主义手法，把不可见、不可感的抽象的东西变得可见、可感。

剧作家柳倩认为，"变脸"是感情的象征，许多脸谱已经有它显著的典型特质，说明人物的忠、奸、邪、正，而且有助于强调人物个性，表现感情变化的发展过程，这是四川戏的优点。加之演员能于观众不注意间改变他的脸像，也是一种惊人的技术。

如今，"变脸"的特技已被其他剧种所采用，而且，已经传到了国外。值得注意的是，为卖弄技艺、讨好观众而滥用变脸的现象也时有发生。

11. 川剧中"变脸"的目的是什么？
12. 剧作家柳倩怎样评价"变脸"？
13. 关于"变脸"的表演现状，下列哪项正确？

第14-17题是根据下面一段话：

对于苹果的商标最初是怎样来的，有很多谣言。其中最盛行的说法是，那被咬掉一口的彩色苹果，是已故伟人阿兰·图灵的杰作。图灵因同性恋遭到排斥后自杀了，可能是食用了带有氰化物的苹果。相信这一说法的人认为苹果公司选择苹果商标是为了纪念"计算机科学之父"。

其实，这仅仅是一个听起来意义深远的故事，事实上，全是瞎扯。对公司而言，取名叫"苹果"，仅仅是因为斯蒂夫·乔布斯认为这个词听起来不错。乔布斯想出这个名字时，没有任何象征或者暗示牛顿或图灵的意思,如果要问为什么在浩如烟海的词汇中,他偏偏选中了"苹果",那是因为当时他正处于水果减肥计划当中,觉得这个词听起来"有趣"。而就商标本身而言,商标的设计者罗伯·吉道夫已经多次澄清不是许多人以为的那样,不是为了向图灵或者牛顿或者"水果学问"致敬而设计的。它只是一个苹果。至于为什么被咬了一口,只是为了不让人们把它当成樱桃而已。

14. 关于苹果商标最盛行的说法,下列哪项正确?
15. 事实上,商标确定的理由是什么?
16. 关于商标本身,设计者的说法是什么?
17. 根据这段话,可以知道什么?

参考答案

一、听力
1-5：A B A D A
6-10：A D D C D
11-17：C D A D A A D

二、阅读
18-20：A C C
21-23：C B A
24-28：A D B E C
29-36：D C D B A D B A

# 36 中国古代书院

听力文本

一、听力

第一部分

第1-5题：请选出与所听内容一致的一项。现在开始第1题。

1. 宋末政治家、文学家、爱国诗人文天祥被关在牢房里，恶劣的环境只能折磨他的身体，却不能摧毁他的意志。就是在这间牢房中，文天祥写下了千古传诵的《正气歌》。
2. 博客从某个方面来说，已经不是一个私人圈子，而更像是一个言论堂，一个发表观点的地方。一般来说，博客谈论的是社会热门话题。其实，是先有论坛，后来因为用户想有自己的小天地，所以才产生了博客。
3. 汽车司机在封闭的高速公路上驾驶汽车时，基于合理信赖相信行人不会横穿公路，如果行人违反交通规则横穿公路而被正常行驶的汽车撞死，该汽车司机不承担过失犯罪的刑事责任。
4. 谈起李敖，无论是他的敌人还是朋友都不得不承认他是一位奇人，他几十年来口诛笔伐、特立独行，坐过6年牢，打过几十场官司，一共有96本书被禁，创下了历史纪录，但同时他又是千万人心中的偶像。
5. 在超市打工期间，她边打工边读书，穿梭于校园和工作单位之间。她逐渐学会了如何最大限度地利用一天24小时的有限时间，如何面对工作考核和学校考试的双重压力，如何从容完成一个接一个的作业和论文。

第二部分

第6-10题：请选出正确答案。现在开始第6-10题。

第6-10题是根据下面一段采访：

女：您的网上书店开业以来，销量和好评率一直很稳定，您还开有实体书店。我们想知道，您是怎么与书结缘的？

男：与书结缘，是从少年时代开始的。那时家境贫寒，新书买不起，就打旧书的主意。80年代初，小镇上有租连环画的摊子，一分钱，两分钱，就可以租看一本，我整天坐在小板凳上，慢慢品味，这种美妙的享受让我对书十分有感情。上学以后，我周末去得最多的地方就是书店。

女：那您最开始开书店和这份书缘有关？

男：是啊，那也算是我人生一个小小的转折点。那时我在南方打工，一个老乡知道我喜欢看书，告诉我去废品收购站可以买到非常便宜的旧书。我由此得到启发，决心开二手书摊。

女：您后来开了实体书店，卖的也是二手书吗？
男：对，我的书店不卖新书，只卖各种门类的二手书，这样一来，在售价上就比较有优势。当然，也不仅仅是价格优势，许多早年出版的书，在图书城是很难买到的，而在旧书店却有可能淘到。
女：您对深圳的状况很熟悉，能不能给我们说说那里古旧书的情况？
男：大家都知道，深圳是一座年轻的城市，是中国改革开放建立的第一个经济特区。深圳的古旧书市场并不是很理想，这大概与这座城市的年龄有关。但深圳二手书货源却相当充足，这也给我开设实体书店提供了帮助。如果我们把古旧书仅仅定义为多少年多少年以前的老书，那深圳的"货源"的确是个大问题，但如果把二手书都当作旧书来经营，深圳的货源充足到一听到有人打电话让我去收书，我就头痛，因为收回来没地方放，店租实在涨得太快，这也是我经营中最大的难题。
女：感谢您给我们讲了这么多有趣的事情，衷心祝愿您的书店越办越好！

6. 男的是怎样与书结缘的？
7. 男的在南方打工时发生了什么事情？
8. 男的开的实体书店有什么特色？
9. 深圳是个什么样的城市？
10. 关于男的，下列哪项正确？

第三部分

第11-17题：请选出正确答案。现在开始第11-13题。

第11-13题是根据下面一段话：

未来学校在时空上肯定会发生变化，无时不可学，无处不可学；未来学校的办学理念会进一步更新，学校对儿童会有全新的认识，儿童和成年是否依然二元对立就很值得怀疑，儿童是积极的社会行动者，童年是一种文化的、社会的、历史的建构，更是自然、文化、技术等异质因素的复杂产物；未来学校的技术变革将是几何级数的，"互联网+课堂""互联网+教学""互联网+德育"等，已经不可回避。未来学校的结构也将发生很大的变化，这也是毫无异议的，所以，学校必须选择结构变革。

11. 未来学校在时空上会发生怎样的变革？
12. 未来学校在办学方面将会发生怎样的变化？
13. 关于未来学校的技术革命，下列哪项正确？

第14-17题是根据下面一段话：

如今，一年365天中随便哪个日子，你在吃、穿、住、用，不管哪个方面，都能随心所欲地挑选自己喜欢的颜色。在古人看来，这是不可想象的。

周朝典籍中有"衣正色，裳闲色"的记载，古时"衣"指上衣，"裳"指下裙；所谓"正色"，指青、赤、黄、白、黑五色，"闲色"与"正色"相对，指绿、红、碧、紫、褐黄五色。由此可知，周朝，人们对上衣、下衣颜色的选定是有要求的。

之后，秦始皇成了黑色服饰、建筑等的代言人，汉武帝是选定了黄色的第一人。秦始皇、汉武帝虽然喜欢黑色、黄色，却并没有独霸，到了唐朝，情况有了改变。《新唐书》记载：唐朝开国皇帝李渊多穿用黄色的袍衫，并逐渐禁止臣民穿用。到了公元668年，唐高宗颁布圣

旨：官民一律不许穿黄衣服、住黄房子。截止到清朝灭亡的1000多年里，黄色一直是帝王家专用之色。

14. 关于今人选用颜色，下列哪项正确？
15. 关于周朝，下列哪项正确？
16. 关于秦始皇，下列哪项正确？
17. 关于唐朝，可以知道什么？

参考答案

一、听力
  1-5： C C D C B
  6-10： A B D B C
  11-17：D D D A C B A

二、阅读
  18-20：B C D
  21-23：A C D
  24-28：A D C E B
  29-36：B D C C D A B C

37 警察的故事

听力文本

一、听力

第一部分

第1-5题：请选出与所听内容一致的一项。现在开始第1题。

1. "通讯诈骗"就是之前常说的"电信诈骗"，指犯罪分子利用电话、短信、QQ、微信、互联网等信息手段骗取他人财物的犯罪行为。由于近年来此类案件越来越多，犯罪手段更新升级，公安机关不断提醒民众，要提高自己的防范意识。
2. 新总统上任以来，政府一直致力于打击国内的毒品犯罪活动。在多数人看来，这短短几个月的时间里，警方的反毒品效率之高，成效之显著，远不是过去几年能比的。
3. 日前，一伙犯罪分子在一所监狱越狱，造成至少28名在押人员逃脱，据当地警察说，由于监狱守卫力量薄弱，看守人员麻痹大意，以致犯罪分子趁机越狱。目前政府已部署了大量警力进行追捕，军方也在协助解决这一事件。
4. 《未来警察》是中国电影集团出品的一部科幻警匪片。影片讲述的是一个和保护能源有关的故事：生活在2080年的警察周志豪为了执行政府的任务，保护能源专家马博士，和自己的女儿一起穿越时空，回到2020年与邪恶势力进行对抗。
5. 女车主进入驾驶室，一名男子看到周边没人，迅速拉开后车门，掏出刀抵住女车主的脖子，用胶带将其绑住，继而进行抢劫。目前，涉嫌抢劫的谢某已被警方依法刑事拘留。民警提醒广大车主尤其是女性车主，将车子停放在地下停车场、偏僻地方，准备上车时，要注意一下周边有没有陌生的可疑人员，不要埋头看手机或者打电话。

第二部分

第6-10题：请选出正确答案。现在开始第6-10题。

女：观众朋友们，大家好！今天我们请来了王警官，跟大家谈谈张庆同志生前的事迹。您好！您能不能跟我们谈谈张庆同志是怎么突发疾病去世的？

男：他工作太拼命了，中秋节假期他一直在值班，我们开会时发现他没到，就去办公室找他，发现他因心脏病发作已然去世了。

女：张庆警官在公安局主要分管哪方面工作呢？

男：他从中国人民警官大学毕业以后，分配到我们刑警大队，开始时在第一线工作。后来发现他文字水平很高，就调到秘书科，主要是写各种材料。去世前，他已经是我们分局指挥室主任了。

女：您跟他一起共事，有什么印象特别深刻的事例吗？

男：他虽然没有什么特别光辉的事迹，但他工作严谨认真。记得1998年，我们接到报警，有一家公司的负责人被骗了，骗子非常狡猾，没留下多少线索，为了尽快破案，一接到情报，老张就带领我们几个人赶到山东，我们埋伏在嫌疑人的居住地附近，一蹲就是十几个小时。正是他的冷静沉着，为后来案件的侦破立下了汗马功劳。

女：他平时工作怎么样？

男：他经常加班，很少准点下班。有一次他持续高烧，还坚持带病工作，后来在同事的劝说下，才利用午休的时间去了医院。

女：他一工作就顾不得休息和病痛了？

男：是的，他担任指挥室主任时，工作特别忙，他的办公室有一个小沙发，他加班累了，就在沙发上躺一躺。我们领导常常说："交给张庆的事，我从来不用说第二遍，他肯定完成得又快又好。"我们也常劝他注意休息，他总是说："没事，指挥室年轻同事多，我得多分担些。"

女：他的离去对他的家庭打击很大吧？

男：那是当然的，但是他的家属很坚强。他的家庭经济情况比较困难，但他在单位从来不说家里的事。

6. 张庆警官是怎么去世的？
7. 张庆刚毕业时在什么部门工作？
8. 同事对张庆印象最深刻的一件事情是什么？
9. 张庆的领导对他的工作有什么评价？
10. 张庆的家庭情况怎么样？

第三部分

第11-17题：请选出正确答案。现在开始第11-13题。

第11-13题是根据下面一段话：

好儿好儿说话听起来是件简单的事情，实际却不一定，这是一种能力、一种智慧、一种修养。好儿好儿说话不是指爱说话、风趣幽默，能讲出很深刻、很有独到见解和哲理的话，而是说不要信口开河、胡言乱语；在激动的时候控制自己的情绪，照顾别人的感受；说话要分清场合对象，注意说话的方法、方式。

作为一名警察，好儿好儿说话尤其重要。

有一回，我调解两个人的矛盾，其中一人不满，大怒起来："你们这些警察是白吃饭的吗？我一年交那么多税养你们是白养了，一点用也没有。"听了这话，我愤怒、厌恶，又不知道该跟他说什么。这时，有个平时话不多的老民警听不下去了，站到他面前一字一句、不卑不亢地说："如果没有警察日夜防范小偷、强盗，没有警察对犯罪分子进行严厉打击，你的企业、你的家能够平平安安、好儿好儿发展吗？"那个人用舌头舔了舔嘴唇，服气地低下了头。

这个老民警就是个会说话的人，他听了那些话情绪一定也很激动，可是他没有暴跳如雷，也不是无言以对，而是将自己工作的崇高价值真真切切地告诉对方，让对方冷静下来。

11. 根据本文，"好儿好儿说话"指的是什么？
12. 文章中的"养你们是白养了"是什么意思？
13. 为什么说那位"老警察"是会说话的人？

第14-17题是根据下面一段话：

  这是一个有关母亲的故事，发生在犯人与母亲之间。探望关在监狱的儿子的日子到了，一位来自大山深处的老母亲，先后乘坐马车、汽车和火车，来探望服刑的儿子。老母亲从包袱里给儿子掏出用白布包着的瓜子。瓜子已经炒熟，老母亲全嗑好了，没有皮，白花花、密密麻麻的。

  儿子接过瓜子仁，手开始颤抖，他知道，山里穷，路途又远，母亲一定是卖掉了鸡蛋，还要节省许多开支才能攒够路费来看自己；来之前的那段日子，母亲肯定是白天在田里忙碌，晚上在灯下嗑瓜子，嗑好的瓜子放在一起，一点点增多，自己一粒也舍不得吃，这堆瓜子不知道母亲嗑亮了多少个夜晚。母亲没有说话，只是用衣袖擦着眼泪。

  儿子低着头满心愧疚。作为身强力壮的小伙子，正是奉养母亲的时候，他却不能。在所有探监人当中，母亲衣着最为破烂。那一颗颗瓜子，包含着千言万语。儿子"扑通"一声给母亲跪下，他忏悔了。

  一次，一位新婚不久的朋友向我抱怨自己的母亲，说她没文化、思想不开通；说她什么也干不了，还爱唠叨。于是，我把这个故事讲给他听。听完，他泪眼蒙眬，很久没有说话。

14. 这个犯人的母亲是怎么来到监狱的？
15. 母亲给儿子带来了什么？
16. 这个犯人的母亲是个什么样的人？
17. 我为什么要给朋友讲这个故事？

参考答案

一、听力
  1-5：D A B D A
  6-10：A A B D D
  11-17：D C D D A D C

二、阅读
  18-20：A D B
  21-23：C B D
  24-28：B E A C D
  29-36：C B C C B C A D

38 慧眼捕捉商机

听力文本

一、听力

第一部分

第1-5题：请选出与所听内容一致的一项。现在开始第1题。

1. 企业虽是老板一手创立的，但并不意味着老板就永远正确。很多老板在企业做到一定规模后，自信心膨胀，独断专行，功劳都归自己，失败都是下属的。久而久之，缺少了员工们的齐心协力，企业就会逐渐衰败。
2. 一般的主管是这样训练员工的：先告诉他们一些"成功之道"，再告诉他们，按照"成功之道"一一实践后，自然就可以成功了！这个主管和别人不一样，他先让员工相信自己可以成功。当这个信念已经深深烙在员工心里之后，他们就会开始认真讨论：现在该怎么成功？
3. 很多企业老板热衷"短平快"，看到什么赚钱就干什么，一哄而上，缺乏企业的长远战略布局。很少有人真正致力于企业创新，无论是研发、管理还是商业模式。这对企业的长期可持续发展是极为不利的。
4. 其实，一般员工对管理者的要求并不高，你只要做到了公平公正地对待每一位员工，准确、客观地评价员工的工作表现，他就很愿意服从你的管理。"一碗水端平"是老百姓常念叨的一句俗话，而这也正是管理者应该常念的管理要诀。
5. 网购时我的省钱妙招是保持理性，在网上选中商品后不直接掏钱购买，先在购物车里放一两周，也许过了新鲜劲儿就不会花钱买了。对于已经签单的快递，如果不合适或者用不着，就算花运费也要退掉，这样能够管理自己的过度消费行为，久而久之就养成了理性消费的习惯。

第二部分

第6-10题：请选出正确答案。现在开始第6-10题。

第6-10题是根据下面一段采访：

女：经营食堂应该是最简单的小生意，假设你是食堂的小老板，怎样才能有效防范食堂采购环节的贪污问题？这可是一道考验管理者的综合题。今天我们请来一位食堂的管理者跟大家谈谈怎么处理食堂采购的管理难题。

男：大家好，食堂采购管理确实是个难题，因为任何商品的标准都不如粮食、青菜、油盐酱醋复杂，不信你试试看，你能管好一个食堂吗？

女：如果老板自己或让老板的亲信去买是不是能可靠一些呢？

男：这样一来你不就成了个体户了吗？你的食堂还能做大吗？如果再有第二个、第三个食堂你怎么管？

女：那我就派两个人去买，一个买，一个监督。

男：管过企业的都知道，在用现金交易、无发票并且质量和价钱每天随着淡季、旺季变化的菜市场中，采购者抵御诱惑的能力很差，靠人监督人是不可靠的，两个人很快就能结成同盟。

女：那我就采取轮班制，每次去买的两个人都不同。

男：一看你就不懂食堂生意。千万别小看油盐酱醋、青菜、土豆这些人人都知道的东西，它们的采购可是很专业的活儿，不信你问你妈妈。一个不懂菜市行情的人往往会被小贩欺骗。

女：那就采购的人固定，监督的人轮换。

男：可是一个不懂行的人怎么可能有效监督一个天天采购的人？

女：看似简单的食堂生意，管理竟然如此复杂！那到底怎么办好呢？

男：我是这样做的，依据所购物品来拟定购买方案。需要每天买的青菜副食由大师傅负责，不需要天天买的粮油酱味招标采购，清洁用品等杂项由食堂经理买，炉灶器具锅碗瓢盆等固定资产由我亲自负责。

女：那不怕大师傅贪污吗？

男：不怕。这个食堂每人每天只有7元钱的伙食定额，扣掉主食和其他费用，每人每天副食只有4元钱。大师傅要用4元钱，买回能做出可口饭菜的材料已很不容易了，哪里还有贪污的余地？另外，我自己偶尔也就近逛菜市场，对市价比较清楚。

6. 本文主要讲了食堂管理哪个环节的问题？
7. 老板或亲信负责采购会出现什么问题？
8. 为什么采购者抵御诱惑的能力很差？
9. 采取轮班制采购会有什么后果？
10. 文中老板采取了什么采购策略？

第三部分

第11-17题：请选出正确答案。现在开始第11-13题。

第11-13题是根据下面一段话：

　　金色拱门是麦当劳的标志，也是公司品牌的重要组成部分，巧的是，那拱门的形状与标在店门上的名称多少有些相似。在众多商家中，这样的例子少之又少。随着分店数量的增加，这个标志被传播到世界各地。

　　你是否以为形成金色拱门的巨大"M"来自"McDonald's"？如果真的是这样想，你就错了。金色拱门实际上来自麦当劳最初店面的外形，这座建筑的与众不同之处就是金色拱门。

　　设计拱门的想法来源于建筑师斯坦利·梅斯顿，他提出这样可以引导雨水，为排队的顾客和司机提供便利。在高速公路上，巨大的金色拱门非常显眼。上世纪60年代，餐厅更新品牌，决定把在高速公路上引人注目的拱门作为整个品牌的象征。

11. 根据本文，什么是麦当劳公司品牌的重要部分？
12. 标志性的金色拱门来自什么？

13. 最初设计拱门的用途是什么?

第14-17题是根据下面一段话:

很多人会告诉你怎么创立企业、怎么解决问题,而我关注的却是"为什么创立"?这是问题的本质,下面,我想告诉你们三个故事。

第一个故事是关于"人"。2004年,我们创立了Facebook,因为我觉得在网上,你能找到所有东西,却找不到生活中最重要的人。我创立了Facebook,就是想把人联系在一起。

第二个故事是关于"用心"。如果你有了使命,你不需要有完整的计划,往前走吧!你只需要更多地用心。

我们推出Facebook以后,非常高兴,因为我们的产品把学生连接起来了。当时我想,总有一天,会有人创造连接世界的产品。有趣的是,这个产品也是我们建立的,我们只是学生,没有计划、没有资源。我们是怎么创造出这个拥有15亿人以上、世界上最大的互联网社区的?我们只是更"用心"。

第三个故事是关于"向前看"。马云说过一句话:"和15年前比,我们很大;但和15年后比,我们还是个婴儿。"当初,我们的目标是连接10亿人,当时我觉得这个目标很大。可是当我们达到了这个目标后,才明白10亿只是一个小数字,我们真正的目标是连接世界上的每一个人。

14. 这篇文章主要讲什么?
15. "我"为什么要创立Facebook?
16. "我们"凭借什么创造出了世界上最大的互联网社区?
17. "我们"的真正目标是什么?

参考答案

一、听力

1-5: D C C B C
6-10: A C D C D
11-17: B C A C D C C

二、阅读

18-20: D B C
21-23: D C A
24-28: C D E A B
29-36: D C B B D A C B

39 互联网时代的生活

听力文本

一、听力

第一部分

第1-5题：请选出与所听内容一致的一项。现在开始第1题。

1. 不知不觉中，互联网已经进入了我们的生活。我们可以通过互联网得到海量信息，从天文到地理，从深水到太空，从远古到现代，从国内到国外；我们可以通过互联网学习，浏览新闻杂志，获知发生在世界各地的时事要闻。互联网给我们的生活带来了乐趣，使我们的生活变得更加充实。

2. 我们班一大半同学都有手机，虽然每次上课老师都要求我们关掉手机，但关不关就看自己了，很多人都把手机调到振动状态，在桌子下面偷偷玩。很多同学都对发短信上瘾，有同学喜欢自己编写各种短信，下课的时候还比较谁的短信新鲜好玩。

3. 作为年轻人，我们上网更多的是消遣和娱乐，有许多同龄人认为，网络这个完全虚拟的世界是我们放松自己的最佳场所。也许正因为这一点，我们的家长和老师才会对学生上网表现出不同程度的抵制，因为他们认为网上的娱乐分散了我们过多的精力，会对学业造成影响；更为重要的是，他们害怕网络上的不良信息对我们的身心不利。

4. 钱包不带没关系，手机千万不能忘，人们越来越深刻地感受到：在手机支付已成为重要的支付方式的今天，出门已不必非要手机、钱包、钥匙一样都不能少。互联网之所以能够进入金融业，不是因为互联网天生能做金融，而是因为传统的金融业忽略了网络支付功能。

5. 与传统的房地产开发模式相比，众筹建房的确大大缓解了房地产企业的销售压力。以往，在开发商的总成本中，融资成本和销售成本分别占比7%和3%左右，如今通过互联网设立的融资平台，房企绕过银行获得了新的融资渠道，从而将融资成本大大降低。另一方面，合伙众筹的成员也有机会从中受益，不但房价更合算，并且可以按照自己的需求定制房产，满足个性化需求。

第二部分

第6-10题：请选出正确答案。现在开始第6-10题。

第6-10题是根据下面一段采访：

女：您好！您能不能重点跟我们谈谈，社交网站给传统交往方式带来了哪些影响？

男：最近几年，社交网络非常流行。用户可以在网站创建一个公开或半公开的个人账号，展示和自己有联系的其他用户，查看和搜索与自己有联系的用户以及与朋友有联系的用户，还能交到新朋友，和更多的人建立起联系。

标准教程 6（下）练习册　听力文本与参考答案

女：这是人们使用网站的主要目的吗？

男：还不是。

女：那人们使用社交网站的主要目的是什么呢？

男：应该说，社交网站主要体现的还是现实世界中的人际关系。社交网站使我们能够和平时不常见的人保持联系，但是要注意，介绍陌生人给你并不是社交网站的意图。

女：那现实中的友谊和互联网中的友谊有什么区别呢？

男：现实中的友谊和互联网上的友谊并不相同。在线联系并不意味着你们交换过电话号码，对于一些联系人，也许你觉得线上交流比线下交流舒服。网上的友谊一般是慢慢积累起来的，人们一般会在网上增加联系，而不会切断联系。而且，我们和朋友在网上的交流方式也不一样，比如在网上我们的交流更加简洁，而不是专注的、较长时间的对话。

女：在线上社交网络中，我们不仅维护着和所有朋友的珍贵友情，还能看到他们和其他人的交往和互动。这一点比在现实生活中要容易得多。

男：确实，有时候，你的线上好友传上一组照片，你会发现他们刚和你去了同一个国家……突然之间，你和好友的距离一下子就拉近了，对好友的日常生活一下就有了了解。也许你还会发现和你线上好友互动的人中，也有你的朋友，而你之前并不知道他们认识，这对于你，也许是一份惊喜。

6. 人们在社交网站上可以做什么？
7. 人们使用线上社交网站的主要目的是什么？
8. 与网上交流方式相比，线下交流的特点是什么？
9. 互联网中的友谊有什么特点？
10. 根据对话，什么情况下，我们会有惊喜？

第三部分

第 11-17 题：请选出正确答案。现在开始第 11-13 题。

第 11-13 题是根据下面一段话：

电脑和人脑尽管在传送信息方式上表现不同，但两者在诸多功能上非常类似。比如，电脑和人脑都可以存储记忆；电脑和人脑都可以通过修正执行新的任务；电脑和人脑都有探知所处周围环境的能力，并据此做出反应，进行调整并适应所在的环境。

电脑与人脑的最大区别在于意识。尽管我们很难描述意识，但却知道它的存在。电脑没有意识，尽管它具有惊人的运算速度，但却无法体验情绪、梦想和思维，而情绪、梦想和思维却是我们之所以成为人类的必备元素。

是否会有"像人一样思考和行动"的机器出现呢？目前没有肯定的答案。不过，科学家对人脑和电脑的研究正在缩小它们之间的差距。

11. 电脑与人脑的相似之处是什么？
12. 电脑与人脑的最大区别是什么？
13. 是否会有"像人一样思考和行动"的机器出现呢？

第 14-17 题是根据下面一段话：

有人出门旅行或者到一个新城市工作抑或生活，都会选择通过网络寻找住房。通过网络寻找住房，不仅快捷方便，还有很多意想不到的惊喜。某租房平台最近就投入 500 万，启动

56

了一项用户补贴行动。租房平台将以发放优惠券的形式,给租客报销未来12个月的房租,租客最高享受补贴可达2400元。同时还对房东承诺24小时闪电出租,并有大额房屋财产保险赠送。

租房平台创始人小王说:互联网租房行业并不需要纯信息服务的中介,事实上有超过一半的租房交易都是房东和房客直接接触完成的。对于租客,租房平台承诺提供全程随时联络,百分百个人房源。对于房东,租房平台提供的租客身份审查、按时缴纳房租都是最受欢迎的服务。

最快的租赁速度,最低的交易成本,最高的交易效率,更好的租房体验,更具品质的租住生活,快速与安全,这才是核心目标。而这一切的实现,都将得益于网络的发展。

14. 根据本文,网络租房最大的好处是什么?
15. 根据本文,房东在某租房平台能得到什么惊喜?
16. 对于房东,租房平台最受欢迎的服务是什么?
17. 关于网络租房的核心目标,下列哪项正确?

参考答案

一、听力
    1-5: B C D C B
    6-10: D C C D D
    11-17: A A C B A D D

二、阅读
    18-20: A A B
    21-23: D A B
    24-28: A D C E B
    29-36: B B C C B C B A

40 人类超能力会改变世界纪录吗

听力文本

一、听力

第一部分

第1-5题：请选出与所听内容一致的一项。现在开始第1题。

1. 游泳是非常有益于健康的体育运动，因为它可以使人体肌肉都得到锻炼。一旦学会了游泳，你将终生不会忘记。它不仅能够在危急的时候挽救你的生命，还是完成许多其他水上运动的前提。
2. 你在某种运动项目上有着特别的天赋吗？检验一下你最喜欢什么吧。你是喜欢和别人一起运动，还是更愿意独自运动呢？其实哪种方式都没错，你只要记住，胆小鬼可以通过运动变得勇敢，而好动的孩子则可以通过运动发泄精力。
3. 田径运动包括下列人类最原始的运动：走、跑、跳、投和推。十项全能运动员是田径运动员中的"王者"，他们要按顺序参加十个指定田径项目的比赛。在两天的竞技中，他们要分别在赛跑、跳跃和投掷项目中赛出自己的最佳成绩。
4. 所有的运动员，无论是大人还是小孩，在运动中有了诸如进球或者跑了第一名这样的精彩表现后，都会非常兴奋。但是他们如果没能实现自己的目标，就会感到失望。那么，运动带给人们的究竟是愉悦还是痛苦呢？可能只有身在其中的人才会有发言权吧。
5. 体操运动员特别敏捷，他们所完成的动作需要巨大的力量。有时他们在蹦床上练习，蹦床的弹性特别强，运动员会被弹到空中非常高的地方。顶级的体操运动员在学习复杂的动作时，都会训练几千遍。只有这样，他们才能在难度极高的动作中保持最完美的姿态。

第二部分

第6-10题：请选出正确答案。现在开始第6-10题。

第6-10题是根据下面一段采访：

女：观众朋友，今天来到现场的是著名跨栏王子——刘翔，他在雅典奥运会上顽强拼搏，最后夺得了110米栏冠军。今天请刘翔跟我们聊聊他在运动场之外的生活。

男：大家好，很高兴跟大家分享我生活中的点点滴滴。

女：刘翔，大家都知道你的成功来之不易，在你成功的背后，在塑胶跑道之外，你的业余生活怎么样？

男：我爱好上网，每次结束上午的训练课，回到宿舍，随便把跑鞋一扔，直接冲到电脑前，有时甚至门钥匙都忘了拔。

女：那你上网主要干什么呢？

男：主要看体育新闻，因为必须掌握更多对手的战术等信息才能百战不殆。除了体育，我也关心一些国内、国际上新发生的大事，我喜欢接触各种事物。
女：除了上网，你还有别的爱好吗？
男：我喜欢唱歌，而且唱得还不错，什么陶喆、阿杜，我都会模仿，大家都说模仿得还挺像。
女：那晚上你一般做什么？
男：晚上7点以后，我一般会到医务室按摩。大家都知道，好成绩与科学正规的训练和恢复是相辅相成的。
女：听说只有你有优先按摩权，只要你去了，别的队友必须马上让开，因为大赛在即，必须保证你的身体不出意外，是这样吗？
男：这可是舆论冤枉我了，事实不是这样的，竞赛是残酷的，可大家的友谊却是温暖的。大家练得都很苦，我从来没享受过这种特权。不能因为我有点儿成绩就骄傲，我会选择在赛场上去征服每一个对手和观众。

6. 刘翔是什么项目的冠军？
7. 刘翔为什么有时候门钥匙都不拔？
8. 刘翔为什么喜欢看体育新闻？
9. 主持人说刘翔享有的特权是什么？
10. 根据本文，刘翔和队友的关系怎么样？

第三部分

第11-17题：请选出正确答案。现在开始第11-13题。

第11-13题是根据下面一段话：

跑步、跳跃和投掷是人类最古老的运动。我们如今刻苦训练的这些技能，其实都是原始人生存的必备能力。原始人只有利用他们的技巧、力量、速度和耐力，才能找到食物或抵御危险，才能在冷酷的环境中生存下去。

你能站在一艘狭窄又摇晃的小船里，用弓箭射鱼吗？如今，在非洲和南美洲的原始森林中，还有一些人保留着几千年前的生活方式。他们从小就在不知不觉中学会了以"运动的方式"应对周围环境的变化。

可是现在的我们，大多数时间几乎都静坐不动：在学校里、在电视机前、在电脑前、在汽车里或是工作中……长此以往，我们不生病才怪呢！因此，为了保证健康，我们必须注重体育锻炼。

你知道吗？当你感觉无聊，或是又困又乏，对什么都没兴趣的时候，出去大玩儿一场或者近似疯狂地运动一通，就可以摆脱这种状态。当然，最重要的是你要接触新鲜空气，不管是和朋友在一起，还是在社团或者在学校里。

11. 我们现在刻苦训练的运动技能，对原始人来说是什么？
12. 关于非洲和南美洲的原始森林，下列哪项正确？
13. 根据本文，要摆脱无聊状态，最重要的是什么？

第14-17题是根据下面一段话：

每隔四年，来自全世界的运动员都会在奥运赛场上相会，而各个国家的体育迷们都会守在电视机前关注直播的赛事，为自己的同胞们加油，奥运会的胜利者也将成为顶级明星。古

代奥运会的冠军会得到橄榄枝花环，而如今获得比赛冠军、亚军、季军的选手则会分别得到金、银、铜牌。

奥运五环代表了五大洲之间的友谊。比赛期间，奥运圣火将一直在奥运主赛场上熊熊燃烧。

古希腊的选手们很早之前就已经在为夺取胜利而竞争了。在奥林匹亚，赛跑和摔跤成为最古老的比赛项目。那个时候，古希腊城邦之间经常会爆发战争，但在奥运会期间，战争必须停止。

这项盛大的赛事是古希腊最受欢迎的活动，每次比赛都会引来无数观众观看。

14. 奥运会期间，体育迷们会做什么？
15. 现代奥运会的季军会收获什么？
16. 奥运五环代表了什么？
17. 在古希腊，奥运会期间，城邦之间会怎么样？

参考答案

一、听力
    1-5：C C D A B
    6-10：C C A B B
    11-17：C D D B D D B

二、阅读
    18-20. A A C
    21-23：B C A
    24-28：D B E C A
    29-36：C B D A B A B C

附录 HSK（六级）模拟试卷

听力文本

（音乐，30秒，渐弱）

大家好！欢迎参加 HSK（六级）考试。
大家好！欢迎参加 HSK（六级）考试。
大家好！欢迎参加 HSK（六级）考试。

HSK（六级）听力考试分三部分，共50题。
请大家注意，听力考试现在开始。

一、听力

第一部分

第1-15题：请选出与所听内容一致的一项。现在开始第1题。

1. 侯宝林说了一辈子相声，研究了一辈子相声，他最大的愿望就是把最好的艺术献给观众。他常说，观众是他的恩人、衣食父母，是他的老师，他再说几十年相声也报答不了养他、爱他、喜欢他的观众。

2. 时下农村的许多家庭，存在着男子汉经商做生意逊妻子一筹的现象。于是，一些男子汉便甘拜下风，将妻子推向了波澜壮阔的商海，自己则留在家里，一心一意地扮演起种田、做保姆、下厨房、忙家务的角色。

3. 他喜爱陈师曾，但更崇敬齐白石。他认为齐白石先生从不守旧，最重创新，爱画生活题材，画自己的真心感受，在艺术上绝不人云亦云，生活中也不巴结权贵。干艺术就是要像齐白石先生那样，有人格、有画格！

4. "棍棒出孝子""严师出高徒"，在传统教育观念中被奉为圭臬的信条正在逐渐被抛弃，在中国的学校里，体罚学生的现象已基本被杜绝，越来越多的中国人相信，使用暴力手段教育出的孩子更容易有暴力倾向。

5. 他们公司的产品价格确实比其他品牌昂贵很多，但他们提供的是终身保养服务。买他们的刀具是人生的一种享受，客户享受的是一种佳品、一种高档消费的乐趣、一种价值投资的快感和一种高品质的生活。

6. 有人喜欢购买许多牙膏，慢慢用；也有人贪便宜，购买储存过久的牙膏。殊不知，这些作法都不科学。构成牙膏的物质经过一定时间会产生化学反应，降低牙膏的去污和保洁作用，变质的牙膏还可能引起人的过敏反应。

7. 生活在澳大利亚的有袋类动物比起鸭嘴兽进步很多，它们不再是卵生，而是胎生。但是，由于幼仔在母体中发育不完整，只好出生后在母亲的育儿袋中再哺育一段时间。可见，有

袋类虽表现出高等哺乳动物的特征，但还是比较原始的。

8. 画家作画，需先打好底色。若画到笔墨酣畅处发现底色不合适，就很难补救，甚至会前功尽弃。小城镇建设，情同此理。如果事先没规划好，就匆忙上马，难免今年建、明年拆，劳民伤财，造成巨大的浪费。

9. 冰雹，通称雹子，有的地区叫冷子，是空中降下来的冰块，多在晚春和夏季的午后伴同雷阵雨出现。冰雹会给农作物带来很大危害，大冰雹对人、畜、建筑物也会造成损害。

10. "国学大师"钱穆著作等身，却没有留下一部关于中国文学史的系统专著。日前，钱穆的学生叶龙将钱穆50年代所授"中国文学史"课程的课堂笔记整理成书，付梓出版，名为《中国文学史》。

11. 河水很平静，对岸似火的秋叶倒映在河中，景色格外优美。小白桦抖动着纤细而苍白的树干，下面落了一圈圈金色的叶片。两位退休的老人坐在河边的长椅上低声交谈，轻轻地摇晃着婴儿车，车里是他们熟睡着的外孙。

12. 乌鲁木齐有十几个公园，我常常去鲤鱼山。原因是那里人工雕琢的痕迹最轻，能让人领略到天然的野趣。最近我去得更勤了，并意外地产生了"人生苦短，还能看它几眼"的惜玉之感。

13. 河西走廊的精华是绿洲，绿洲生态系统得以维持靠的是水，补给绿洲的水绝大部分来自祁连山的冰雪。这些冰雪资源的存量又受气候因素制约。另一方面，沙漠流动和沙漠化也严重影响绿洲生态系统。

14. 身材高挑长得帅，中文说得很顺溜，吴正荣称得上是地地道道的中国通。十几年前，身为德国环球救助协会会员的吴正荣携妻子来到长沙，成为帮扶聋哑人的义工。"这些年来，我们几乎跑遍了湖南，尽自己的力量让无声世界里的人获得关爱，这是一件很有意义的事。"吴正荣说。

15. 我怀念小时候的除夕，一家人围坐在一起，嗑瓜子，吃花生，聊天儿，父亲没有了平素的严肃，母亲也放下手中的活计，我们可以少有地放肆一下。最温馨而难忘的，是父亲有一次吩咐我，拿两个馒头去喂那头任劳任怨了许多年的老马。我激动了许久，同时认识到，在这个日子，所有付出劳动的，都该得到犒赏。

第二部分

第16-30题：请选出正确答案。现在开始第16-20题。

第16到20题是根据下面一段采访：

女：2000年10月，来自中国的18岁少年李云迪获得了国际肖邦钢琴比赛金奖，他是在这个奖项空缺了15年以后获得的，而且是该项比赛70多年来最年轻的冠军。李云迪你好！非常感谢你能接受我们的访问！

男：您好！大家好！

女：第一眼见到你的感觉就是你太年轻了。很难想象，你坐在钢琴面前，能够表现出如此复杂和成熟的世界。好像当时评委对你的评价是："不拘泥于别人对于肖邦的理解，你给了他一种自己的理解。"

男：我觉得这也是中国文化背景给我的帮助。

女：为什么会这么讲呢？

男：我觉得，不光是我觉得，傅聪也讲过，中国人的性格各方面是最接近肖邦本质的。我觉得中国人嘛，还有我们的民族，算是很浪漫的，感情很丰富。

女：去参加比赛的时候想拿第几名啊？
男：没想过，蛮放松的，我老师也没有给我压力，觉得反正还年轻嘛，去学习学习看一看。2005年不是就下一届了嘛，那一届再去也没有关系啊。
女：所以比赛的时候你就很轻松地去了，是不是赛到决赛的时候也有点儿紧张啊？
男：没有，一共四轮比赛，我第一轮弹完以后，观众反应就非常热烈，我自己也增强了信心。我第二轮也发挥得很好，基本上四轮发挥得一轮比一轮好。但有些选手比如说第一轮发挥得特别好，第二轮又突然下来了，第三轮又有一些波动。作为评委来讲，他注重整体的这种感觉。所以说，我当时对自己还是很有信心的。

16. 2000年发生了什么事？
17. 评委是怎么评价李云迪的？
18. 李云迪认为自己对肖邦的理解得益于什么？
19. 2000年李云迪参加比赛的目标是什么？
20. 关于正式比赛，下列哪项正确？

第21到25题是根据下面一段采访：
女：你在中国几年了？这个长假怎么打算？
男：我在中国10年了，5年前开始在北京人民广播电台外语台工作，主持双语节目。我们外籍员工尽量让中国同事在自己的节日休假，赶上以色列的节日，中国同事也乐意让我放假。所以，今年"十一"我会加班，节日里和听众互动也挺好玩儿的。
女：在中国体验过春节吗？
男：第一年除夕很难忘。我在中国背包旅游，对中国节日也不了解，除夕晚上，我和朋友在贵州省一个村子里想去另外一个地方，但给当地人多少钱也没人愿意带我们去，我们决定在路边睡一晚上。后来，一个会一点儿英语的孩子把我们带去他家，我们就和他的家人一起吃饭过了除夕。
女：有没有感觉中国的一些旅游景点很商业化？
男：有。现在和我刚来中国的时候很不一样。2003年我第一次去逛庙会，那里布置很简单，但气氛很浓。现在的庙会，东西都很好看，但年味儿淡了，成了卖东西的地方，吃的东西越来越贵，而且越来越国际化，卖的东西大约有一半来自国外。
女：你感觉你们和中国人在度假方式上，有什么差异吗？
男：我感觉最大的差异就是中国人喜欢跟团，外国人喜欢自助游。中国人好像喜欢去人多的地方，但我们想去没人的地方。我经常劝中国朋友去爬野山，他们会说"那里没人，去不了"，可能中国人觉得人多的地方就好吧。
女：消费理念有何差异？
男：中国人出国游对品牌很着迷。我们去外国喜欢买当地的特色产品，大品牌对我们没有太大吸引力，我朋友来中国喜欢找手工丝绸围巾和衣服，还有手工首饰，这些东西也不便宜，但我们宁可把钱花在这些上，也不愿去买大品牌商品。

21. 关于男的，下列哪项正确？
22. 关于男的在中国过的第一个春节，下列哪项正确？
23. 中国的庙会有什么变化？
24. 关于度假方式，下列哪项正确？
25. 关于消费理念，下列哪项正确？

标准教程 6（下）练习册　听力文本与参考答案

第 26 到 30 题是根据下面一段采访：

女：欢迎著名导演李安先生。您好！年过 60，很多人已经退休，过上了平淡安稳的生活，但总感觉您是要把步子迈得更大一点儿。

男：我需要感受活力，我需要障碍，因为没有障碍人就没有思想，很难保持新鲜度，久而久之就会感觉僵硬，那种感觉没有办法忍受。

女：您的每一部电影几乎都是全新的题材和类型，这部《比利·林恩的中场战事》想给观众传达什么新的信息和感受？

男：想传达的都是我人生的体验，只是用比较戏剧的方式表现出来。我看这本书的时候，最感兴趣的一个是中场秀，一个是真正发生的战事。

女：实际操作中，您遇到的挑战是什么？

男：这部电影是根据同名小说改编的。小说非常内在，是男孩子脑筋里一天的思绪，书可以尽情写，但让观众看到就不太容易，我决定用新的方式表达，尽可能把书中的精神拍出来，这是我特别努力的。

女：北美首映后，有影评认为这部电影"形式大于故事"，您如何回应？

男：什么样的故事适合用什么样的技术，这才是我们应该考虑的问题。这部电影的形式和内容是表里呼应的。有些观众观影习惯比较重，特别是影评人。我觉得对于一般观众来讲，就是来看电影，怎么看跟里面演什么东西，其实本来是浑然一体的。

女：您的电影里有很多关乎家庭、亲情的议题，您个人怎么看待家庭对自己的影响？

男：我们的家庭对于中国文化的传承非常重视，父母给了我很多品德上面的要求。一方面我遵循他们的教导，一方面又很想从中挣脱，所以形成了很奇怪的既叛逆又乖巧的个性。离开家到美国以后，反而有一些比较希望挑战的东西。父亲虽然对我很严，我还是很爱他。中国教养在我身上，虽然是一种桎梏是一种压力，但也是一种稳定、安定的力量。所以，寻找安全感和学会如何自处是我电影里面避免不掉的主题。

26. 年过 60 的李安，对生活有什么要求？
27. 导演通过电影《比利·林恩的中场战事》向观众传达了怎样的信息和感受？
28. 拍摄《比利·林恩的中场战事》，对李安的挑战是什么？
29. 对于影评人认为《比利·林恩的中场战事》"形式大于故事"，李安怎么看？
30. 关于家庭教育对李安的影响，下列哪项正确？

第三部分

第 31-50 题：请选出正确答案。现在开始第 31-33 题。

第 31-33 题是根据下面一段话：

老王到故友老林家中做客，看见老林家灶上的烟囱是直的，旁边还堆了很多柴火，就对老林说，烟囱要改成弯曲的，柴火要挪走，不然容易着火。老林听了老王的话，却没往心里去。

不久，老林家果然失火，街坊四邻都来救火。火被扑灭了，所幸家中损失不大。老林心中感谢，备了酒席，酬谢四邻，却没有请当初建议他改烟道、挪柴火的老王。

有人对老林说："如果当初听了老王的话，就不会着火，今天也不用准备筵席了，若是论功行赏，最该感谢的人是老王。"老林顿时省悟，赶紧请来了老王并敬为上宾。

31. 关于老王，下列哪项正确？
32. 老林为什么要备酒席酬谢四邻？
33. 老林悟到了什么？

第34-36题是根据下面一段话：

2008年10月15日，人们迎来了第一个世界洗手日。

之所以要设立世界洗手日，是因为全球平均每天约有5000名5岁以下的儿童死于与腹泻相关的疾病，只要养成饭前便后用肥皂洗手的习惯，这些儿童中的一半就会得救。因为经常用肥皂洗手是降低腹泻死亡率以及霍乱和肺炎患病风险的最有效和最廉价的方法。

日常生活中我们常常忽视手部的卫生，饭前便后洗手是从幼儿园就教起的卫生知识，可是很多小孩，包括成人都不以为然。SARS、禽流感以及频发的手足口病的流行，都说明疾病很容易在人群中传播，而多数传染病的传播都与手部卫生有着密切的关系。

世界洗手日主旨是推动全球性的普遍教育，增强人们对于洗手与健康关系的认识。各行各业、各阶层人士都应该强化手部卫生的健康意识，珍惜生命，关注健康，养成良好的个人卫生习惯，建立良好的卫生预防体系。

34. 为什么要设立"世界洗手日"？
35. 对于洗手，眼下存在的问题是什么？
36. "世界洗手日"的主旨是什么？

第37到39题是根据下面一段话：

张三从洪水中救起了他的妻子，他的孩子却不幸遇难。事后，人们议论纷纷。有的说他做得对，因为孩子可以再生一个，妻子却不能死而复活。有的说他做错了，因为妻子可以另娶一个，孩子却不能死而复生。

听了人们的议论，我也感到这事难以抉择：如果只能救活一人，究竟应该救谁呢？于是我去拜访张三，问他当时是怎么想的。他说："我什么都没想。洪水袭来，妻子在我身边，我抓住她就往附近的山坡游。当我返回时，孩子已经被洪水冲走了。"

归途，我琢磨着张三的话，对自己说：如果当时张三稍有迟疑，可能一个都救不了，所谓人生的抉择不少便是如此。是啊，很多事情容不得你细细盘算其中的对与错，如果过于犹豫或过于在乎别人说什么，你可能什么事也做不成。

37. 关于人们对张三的议论，下列哪项正确？
38. 张三对这事是怎么说的？
39. 下列哪项是说话人的观点？

第40-42题是根据下面一段话：

齐齐早晨给一棵刚出土不久的竹子戴上了自己的帽子。晚上，他来到竹林一看，竹子把帽子顶得高高的，他踮起脚都够不着了。怎么会这样呢？齐齐想不明白。

原来，在植物中，竹子的生长速度堪称冠军。比如毛竹，在笋期，遇雨就长。夜深人静的时候来到竹林，你会听到竹子拔节生长的声音，它的生长速度可达每天两英尺。

竹子之所以长得这么快，是因为它的许多部分都在同时生长。一般植物都是依靠顶端分生组织中的细胞分裂、变大而生长的，换言之，一般植物，只有它的顶部的一些细胞永远保持强烈的细胞分裂机能。但竹子却不一样，它的分生组织不是仅仅顶端有，而是每一节都有。如果我们挖取一只竹笋，将它一劈为二，可以发现里面的竹节都连得很紧，好像一个压缩的弹簧。当它钻出肥沃的土壤，遇到温暖、湿润的天气时，每一节的分生组织都会同时不断产

生新的细胞，相邻竹节间的距离就会逐渐拉长。如果每根竹笋有60节的话，那么它的生长速度就是其他植物的60倍。随着竹子不断长大，竹节外面包裹的鞘就会脱落，这时，竹子就停止生长了。

40. 关于齐齐，下列哪项正确？
41. 一般植物生长的特点是什么？
42. 竹节外面包裹的鞘脱落预示着什么？

第43-46题是根据下面一段话：

  两个饥饿的人得到了一份礼物：一根鱼竿和一篓鱼。其中，一个人要了一篓鱼，另一个人要了那根鱼竿，于是他们分道扬镳了。得到鱼的人就地燃起篝火煮熟了鱼，狼吞虎咽地饱餐了一顿，之后就又没的吃了，不久就饿死了。另一个人提着鱼竿，艰难地向海边走去，当他看到远处的大海时，再也没力气往前走了，带着遗憾离开了人间。

  另外两个饥饿的人也得到了一份同样的礼物，只是他们没有各奔东西，而是商定共同去寻找大海。他俩每次只煮一条鱼，经过长途的跋涉，来到了海边，从此，开始了以捕鱼为生的日子。几年后，他们盖起了房子，有了各自的家庭、子女，有了自己打造的渔船，过上了幸福安定的生活。

  一个人只顾眼前的利益，得到的终将是短暂的欢愉；一个人目标高远，但也要面对现实。只有把理想和现实结合起来，才有可能成为一个成功的人。

43. 关于第一对得到礼物的人，下列哪项正确？
44. 对于第一对得到礼物的人的评价，下列哪项最恰当？
45. 关于第二对得到礼物的人，下列哪项正确？
46. 这段话主要想说明什么？

第47-50题是根据下面一段话：

  日常生活中有很多不被大家重视的生活细节，有些细节对健康是很不利的，如果不加以纠正，时间长了会导致疾病。对照一下看看你是不是有下列习惯。

  药片掰开服用：药片掰开后会出现棱角，不利于吞咽，极易伤害食管及肠胃。

  起床先叠被：人体本身是个污染源，在一夜的睡眠中，皮肤会排出大量的水蒸气，使被子不同程度地受潮。人的呼吸和分布全身的毛孔所排出的化学物质有145种，从汗液中蒸发的化学物质有151种。起床就立即叠被，被子吸收或吸附的水分和气体就不易散发出去，易使被子受潮及受化学物质污染。最好的办法是起床后打开窗户5~10分钟，让被子中的潮气和化学物质散发出去，然后再叠被。

  饭后即睡：有些人喜欢很晚吃宵夜，吃完后立即上床休息。其实这样做不仅容易消化不良，引发肥胖，严重的情况下还可能引发中风。因为吃完饭大脑的血液流向胃部，由于血压降低，大脑的供氧量也随之减少。如果原来有血液供应不足的症状，饭后立刻倒下便睡，这种静止不动的状态，很容易导致中风。

47. 正确的吃药方法是什么？
48. 起床后应该先干什么？
49. 不能饭后立刻睡觉的原因是什么？
50. 这段话主要谈的是什么？

听力考试现在结束。

参考答案

一、听力

1-15: D C B A A
C D C A D
A D A D C

16-30: C B D D A
A D D D A
C C D B D

31-50: D C D C B
D B B A D
C B C A D
D B C D D

二、阅读

51-60: A C B C C
D B A D B

61-70: B A D A C
D A C B C

71-80: D A B E C
A D C E B

81-100: C A B C D
C A D A D
A D C A A
B D C A A